눈부신 청춘,

1323세대인 사랑하는 나의 딸, 김하은에게!

너의 미래와 꿈을 응원하기 위해

아빠가 이 책을 썼다는 것을 알아주기를 바란다.

사랑한다. 우리 딸 김하은,

그리고 이제 곧 1323세대가 될 우리 아들 김우주!

이 책을 통해 아빠는 너희들에게

꼭 해주고 싶은 이야기를 할 수 있게 되어 기쁘단다.

이 책을 통해 제대로 된 독서법을 익히고 배워서

효과적인 독서를 할 수 있게 된다면

꿈을 이루고 훌륭한 인생을 살아가는 것은 충분히 가능할 것이다.

공부의 신보다는 독서의 신이 되어 너희의 아름다운 꿈과 미래를

스스로 개척하고 창조하며 하나씩 실현해 나가기를 바란다.

우리 딸과 아들처럼 1323세대인 독자 친구들도

모두 이 책을 통해 독서의 신이 되어, 꿈을 이루고

인생에서 기적을 만나게 될 것이라고 생각한다.

오직
읽기만하는
바보

오직
읽기만하는
바보

초판 1쇄 펴낸 날 | 2013년 9월 6일

지은이 | 김병완
펴낸이 | 홍정우
펴낸곳 | 브레인스토어

책임편집 | 신미순
표지 디자인 | 형태와내용사이
내지 디자인 | 강영신
마케팅 | 한대혁, 정다운

주소 | (121-894) 서울시 마포구 서교동 381-36 1층
전화 | (02)3275-2915~7
팩스 | (02)3275-2918
이메일 | brainstore@chol.com
블로그 | http://blog.naver.com/brain_store
트위터 | https://twitter.com/brainstorepub
페이스북 | http://www.facebook.com/brainstorebooks

등록 | 2007년 11월 30일(제313-2007-000238호)

ⓒ 김병완, 2013
ISBN 978-89-94194-43-1 (13020)

*이 책은 저작권법에 따라 보호받는 저작물이므로 무단전재와 무단복제를 금하며, 이 책 내용의 전부 또는 일부를 이용하려면 반드시 저작권자와 도서출판 브레인스토어의 서면 동의를 받아야 합니다.
*값은 뒤표지에 있습니다.
*잘못 만들어진 책은 구입하신 서점에서 바꾸어 드립니다.

이 도서의 국립중앙도서관 출판시도서목록(CIP)은 서지정보유통지원시스템 홈페이지(http://seoji.nl.go.kr)와 국가자료공동목록시스템(http://www.nl.go.kr/kolisnet)에서 이용하실 수 있습니다. (CIP제어번호: CIP2013015010)

1323청춘들의 인생을 바꿔줄 '기적의 독서법'

오직 읽기만하는 바보

김병완 지음

브레인스토어

프롤로그

'공부의 신'이 되기보다
'독서의 신'이 돼라

"위인들은 모두 공부의 신이 아니라 독서의 신이었다. 그러므로 1323세대들이여! 공부의 신이 되기보다는 독서의 신이 되도록 노력하라. 공부의 신이 되면 눈부신 대학의 눈부신 졸업장을 만날 수 있게 된다. 하지만 독서의 신이 되면 눈부신 인생의 눈부신 성공과 부를 만날 수 있게 되고, 무엇보다도 그대들의 찬란한 꿈을 성취할 수 있고, 위대한 사람이 될 수 있다."

윈스턴 처칠, 나폴레옹, 에디슨, 아인슈타인 등과 같은 위인들의 공통점을 찾아보라. 이들의 공통점은 공부를 잘하지 못했지만 독서에는 최고였다는 사실이다. 이들은 모두 '공부의 신'이 아니라 '독서의 신'이었다.

많은 책을 읽는 것보다 제대로 읽는 것이 백 배 정도 더 중요하다. 그런 점에서 무조건 책을 읽는 것보다 놀라운 독서법을 배우고 익힌 독서의 신이 되는 것이 훨씬 더 중요하다.

독서를 하는 것은 매우 중요하고 좋은 습관이다. 하지만 많은 책을 읽는 것보다 더 중요한 것이 있다. 바로 제대로 읽는 것이다. 즉, 독서 습관보다 독서하는 방법이 우선이고 더 중요하다. 그 이유는 수많은 독서를 하기 위해 시간과 노력을 투자했음에도 아무 유익이 없는, 즉 읽으나 마나 한 독서가 된다면 그 시간과 노력이 아깝고, 독서 그 자체가 안타까운 일이 되기 때문이다.

보물섬에 아무리 좋은 보물이 숨겨져 있다고 해도 그것을 발견하지 못하고 평생 보물섬에서 사는 사람이 있는 반면, 적극적으로 보물섬을 뒤져서 1년이나 2년 만에 보물을 찾아내 평생을 엄청난 부자로 사는 사람이 있다. 독서를 하는 사람도 이렇게 두 가지 종류로 나눌 수 있다.

책에는 인생에서 가장 소중한 것들이 담겨 있다. 부자가 되고, 성공을 하고, 꿈을 이룰 수 있는 모든 보물이 담겨 있다. 하지만 그대들이 제대로 된 독서법을 배우지 않고서 그저 독서를 한다면 그것은 평생 보물섬에서 살면서 정작 보물은 발견하지 못하는 사람과 하나도 다를 바 없다.

놀라운 사실은 어른들조차 제대로 책을 읽을 줄 아는 사람이 많지 않다는 것이다. 뿐만 아니라 어른의 독서법과 1323세대들의 독서법은 분명히 달라야 한다. 그런데도 1323세대들을 위한 제대로 된 독서법 책이 전무한 게 현실이다. 이 두 가지 엄청난 사실 때문에 이 책을 쓰게 되었다.

무조건 많은 책을 읽는다고 해서 꿈을 이룰 수 있는 것은 아니다. 남들보다 더 많은 책을 읽으면서 올바른 독서법을 통해 읽은 한 권 한 권의 책들을 모두 자신의 것으로 만든 사람만이 진정 자신이 원하는 꿈을 이룰 수 있다. 그런 점에서 무조건 많은 책을 읽는 것보다는 올바른 독서법을 익힌 다음에 많은 책을 읽는 것이 백 배 더 유익한 일이라고 생각한다.

나 역시 독서법을 잘 몰랐다. 하지만 3년 동안의 도서관 생활을 통해서 제대로 된 독서법을 온몸으로 체득하게 되었고, 그 결과 순수하게 독서만으로 인생 역전에 성공하게 되었다. 그 덕분에 평범한 직장인에서 베스트셀러 작가라는 그런 상상도 하지 못할 호칭을 얻게 되었다.

이 과정에서 나는 알게 되었다. 독서를 그저 많이 하는 것보다 더 중요한 것이 있다는 사실을 말이다. 바로 올바른 독서법이 그것이었다. 올바른 독서법으로 독서를 하지 않을 경우, 아무리 많은 독서를 한다 해도 그것은 밑 빠진 독에 물을 붓는 격과 다를 바 없다. 바닷가 모래 위에 아무리 많은 물을 부어도 그것은 모두 바다로 빠져나가 버린다. 얼마나 한심한 일인가? 독서법을 제대로 알고 익히지 않은 사람들은 전부 이런 식의 독서를 하고 있기 때문에 아무리 읽어도 꿈을 이룰 수 없고, 기적을 만나지 못하게 되는 것이다.

나는 평범한, 하지만 약간은 열심히 공부하고 일할 줄 아는 그런 회사원이었다. 좋은 대학을 졸업하고 삼성전자에 입사하여 휴대폰 연구원으로 10년 동안 남늘저럼 샐러리맨 생활을 하였다. 그런데 3년 전에 내 삶을 뒤바꾸는 사건이 일어났다. 바로 독서가 그것이다.

보통 독서는 우리에게 '놀이나 취미'이거나 '시험이나 교양'의 행위이다. 볕이 잘 드는 창가에 앉아 휴일에 즐기는 취미활동이 독서일 수 있다. 그러나 그 독서가 누군가에게는 자신의 인생을 바꾸고, 꿈을 이루는 가장 강력한 수단이 된다는 사실을 나는 깨달았다. 아니, 몸소 체험을 하게 되었다. 이 책은 바로 그런 나의 독서 체험기이자 한 인간의 삶에 기적을 만든 기적의 독서법에 대한 책이다.

광화문에 가면 교보문고가 있다. 그 교보문고를 창립한 신용호 선생으로 하여금 그렇게 큰일을 할 수 있게 해준 원동력은 바로 독서였다. 중학교 시절 3년 동안 학교를 갈 수 없게 된 그가 천 일 동안 독서를 하여 자신의 인생을 성공으로 바꾸어 놓았다는 사실은 독서가 우리의 인생을 기적처럼 변화시키고도 남는 위력이 얼마나 큰지 깨닫게 해주기에 부족하지 않을 것이다.

병상에서 2년 6개월 동안 3천 권의 책을 읽어 인생을 성공적으로 일구어낸 이랜드 그룹의 박성수 회장, 감옥을 도서관으로 삼아 온종일 책을 읽고 또 읽었던 김대중 전 대통령, 학교에서 중퇴한 후 도서관을 통째로 먹어치운 에디슨, 학교를 그만두고 도서관에 파묻혀 살았던 중국의 국부 마오쩌둥!

이들은 모두 자신의 삶에 위기가 찾아왔을 때 그 시간적 격리 혹은 훼손을 독서로 메웠다. 그러나 그 시간의 축적 속에서 쌓인 '미친 독서'는 그의 다음 인생을 완전히 뒤바꿔 놓았다. 그들의 공통점은 크게 두 가지다.

1. 위기를 기회로 삼았다. 무슨 기회? 책을 읽는 기회.
2. 단지 읽는 정도가 아니라 빠지다 못해 미쳤다.

자, 당신은 어떤가. 당신에게 책은 장난감인가, 장식용인가, 아니면 쉴 때 베고 자거나 냄비 올려놓은 받침대나 베개인가. 그것도 아니라면 좋은 대학을 가기 위한 하나의 사다리인가?

책은 그 이상임을 1323세대들은 알아야 한다. 1323세대 때 책을 조금 더 많이 읽게 되면 지금과는 전혀 다른 기적과 같은 삶을 살아낼 수 있다는 것이 이 책의 주제다. 가슴이 떨릴 만큼 짜릿하고 멋진 그리고 눈부신 기적과 같은 인생을 살고 싶다면, 꿈을 이루는 기적의 독서법을 배우고 실천해보라. 지금까지 경험하지 못한 기적의 인생을 스스로 만들어낼 수 있을 것이다.

나는 생각한다. 무조건 꿈을 꾸고 열심히 살아간다고 해서 그 꿈을 다 이룰 수 있는 것은 아니라고 말이다. 열심히 노력하고, 성실하게 꾸준히 공부하고, 포기하지 않는다고 해서 꿈을 다 이룰 수 있다면 이 세상에는 꿈을 이룬 사람들이 지금보다 훨씬 더 많을 것이다. 하지만 그렇게 성실하고, 열심인 사람들 중에서도 꿈을 이루지 못한 사람들이 적지 않다. 그 이유는 꿈을 이룰 수 있을 만큼의 가치와 자격이 없기 때문이다.

1323세대들이 명심해야 할 사실 중에 하나는 세상은 그대들이 생각하는 것보다 훨씬 더 정확하고 구체적이라는 점이다. 그렇기 때문에 그대가 부자가 되고 성공할 만한 가치와 자격이 있는 사람이라면 물이 저절로 흘러넘치듯 그렇게 될 것이고, 그러한 것들이 없는 사람이라면 아무리 기를 쓰고 노력을 한다 해도 그렇게 되지 않을 것이다. 이 세상도 그대들의 가치와 자격을 누구보다 잘 알고 있기 때문이다.

그렇다면 그 자격과 가치를 어떻게 만들 것인가? 바로 기적의 독서법을 통해서다. 이를 통해 자신의 가치를 높이고, 자격을 갖출 수 있는 것이다. 자, 멋진 1323세대들이여! 오늘부터 기적의 독서법을 활용하여 하루하루 성장하고 발전해 나가서 멋진 인물로 도약하기를 바란다.

위대한 인물이 되고, 큰 꿈을 이루는 사람이 되는 것은 결코 힘든 것도, 어려운 것도, 불가능한 것도 아니다. 이 책에서 제시하는 기적의 독서법을 차근차근 따라 한다면 어느새 독서의 대가가 되어 있을 것이다.

이 책은 우리 조상들 중에서도 가장 많은 책을 집필했고, 가장 많은 학문적 성과를 거둔 다산 정약용 선생님의 놀라운 독서법도 소개하고 있다. 이 독서법을 통해 공부를 하고 독서를 한다면 그대들이 원하는 것이 무엇이든 그 꿈을 이루고, 기적을 만나게 될 것이라고 나는 장담한다.

다산 선생님이 짧은 시간에 수십 권의 책을 정리하고 자신의 것으로 체화할 수 있었던 것도, 나와 같이 평범한 사람이 1년 6개월 만에 독학으로 33권의 책을 출간할 수 있었던 것도 바로 기적의 독서법 때문이라고 할 수 있다. 오직 독학과 책을 통해서 인생에서 기적을 만난 나를 믿고, 이 책에서 제시하는 독서법을 토대로 자신의 독서 기술을 향상해 나간다면 누구나 위대한 꿈을 이룰 수 있게 될 것이라고 나는 믿는다.

기적은 결코 멀리 있는 것이 아니다. 그리고 그대들이 그토록 간절히 원하는 그 꿈은 반드시 이루어질 것이다. 다만 많은 책을 읽는 것보다 올바른 독서법이 훨씬 더 중요하다는 사실을 알고, 그것을 가지고 있다면 말이다.

이 책에서 주장하는 1323청춘들을 위한 독서에 대한 새로운 개념은 이런 것들이다.

- 독서 습관보다 독서 방법이 더 중요하다.
- 독서 습관보다 독서력을 먼저 키워야 한다.
- 책을 빨리 읽는 것이 독서력이 아니다.
- 책을 빨리 읽는 속독법은 독서법이 아니다.
- 책은 반드시 처음부터 끝까지 읽어야 하는 것이 아니다.
- 독서법은 학원에서 배울 수 있는 것이 절대 아니다.
- 독서는 자전거 타기나 스키 타기와 같은 기술이다.
- 독서는 최고의 게임이고 놀이다.

- 위인들은 모두 공부의 신이 아니라 독서의 신이었다.
- 인생을 바꾸는 것은 독서가 아니라 독서의 기술이다.
- 집에 서재보다 독서의 기술을 먼저 확보해야 한다.

차례

프롤로그 '공부의 신'이 되기보다 '독서의 신'이 돼라 · 6

PART 1 독서 습관보다 중요한 것은 독서 기술이다

내게는 아직도 독서 습관이 없다 · 21
많은 양의 독서도 잘못하면 무익하다 · 26
독서법은 말로 가르칠 수 없다 · 29
잘못된 독서법 VS 올바른 독서법 · 31
책 읽기에 관한 고정관념에서 벗어나라 · 35
독서 습관보다 독서법이 더 중요하다 · 40
속독법은 독서 초보가 배울 수 없다 · 43
독서의 신이 되는 데 1만 시간이 걸린다 · 46
천재들을 만든 천재들의 독서법 · 49
독서법을 터득하는 데 80년이 걸린 천재 괴테 · 53
독서 습관보다 먼저 독서력을 키워라 · 56
한국인들이 독서하지 않는 이유 · 60
무작정 많이 읽기보다 제대로 읽어라 · 63

PART 2 **인생에서 가장 소중한 것은 책 속에 있다**

지금 책을 읽지 않는 것은 인생의 가장 큰 낭비다 · 69
책에 미친 1323이 미래 인재가 된다 · 72
인간의 성공은 독서량에 비례한다 · 76
인생의 모든 길이 책 속에 담겨 있다 · 79
책을 읽는 사람만이 자신을 발견할 수 있다 · 82
책을 읽는다는 것은 인생을 창조한다는 것이다 · 85
위대한 사람들은 모두 독서광이었다 · 88
책을 읽지 않으면 평생 우물 안 개구리로 남는다 · 92
책을 읽으면 더 큰 세상을 만날 수 있다 · 95
성을 쌓고 사는 자는 반드시 망한다 · 100

PART 3 **눈부신 인생은 '독신讀神'에서 비롯된다**

1323에 읽은 책이 네 인생을 결정한다 · 107
1323의 독서는 평생의 내공이 된다 · 110
성공하는 1323청춘들의 단 한 가지 습관 · 113
세계 명문가는 독서법을 통해 탄생했다 · 116
눈부신 인생은 '독신讀神'에서 비롯된다 · 121
공부의 신보다 독서의 신이 더 위대하다 · 125

PART 4　**1323청춘이여, 기적의 독서법을 만나라**

카멜레온식 독서를 하라　　　　　　　　　　· 131
다독을 하는 것이 좋은 이유　　　　　　　　　· 135
조금씩 읽으면 천 권을 읽는다　　　　　　　　· 141
손에서 책을 놓지 마라　　　　　　　　　　　· 144
천 권의 책을 읽으면 꿈을 이룰 수 있다　　　　· 147
좋은 독서법은 우물을 파는 방법과 같다　　　　· 149

PART 5　**1323청춘을 위한 기적의 독서법**

필기하고 메모하는 노트 독서법　　　　　　　· 155
매일 쓰는 독서 일기를 통한 일기 독서법　　　· 163
함께 대화하고 나누는 토론 독서법　　　　　　· 165
스마트폰을 활용한 스마트 독서법　　　　　　· 171
고래에게 배우는 고래 독서법　　　　　　　　· 174
정리의 대가 다산 선생의 초서 독서법　　　　· 180
창조력의 대가가 되는 상상 독서법　　　　　　· 188
속독법을 뛰어넘는 우뇌 독서법　　　　　　　· 195
꿀벌에게 배우는 꿀벌 독서법　　　　　　　　· 199

PART 6	**독서의 기술이 평생을 좌우한다**	
	조선의 명문가를 만든 위대한 독서법	· 207
	서양의 명문가를 만든 위대한 독서법	· 216
	일제 치하와 6·25로 한반도에 독서법이 사라졌다	· 221
	서재를 두기 전에 먼저 독서법을 만들어라	· 225
	독서법의 수준 차이가 인생의 질을 좌우한다	· 229
	독서의 목적은 사색이다	· 233
	독서의 신을 만드는 의식 개혁	· 237
	1323청춘을 위한 독서의 기술	· 242
	독서의 고수는 책을 수단으로 삼지 않는다	· 245
	독서는 줄이반이다	· 250

PART 7	**독서의 대가들은 이런 독서를 한다**	
	독서의 신들은 통합적인 책 읽기를 한다	· 257
	독서의 신들은 창조적인 책 읽기를 한다	· 262
	독서의 신들은 통찰적인 책 읽기를 한다	· 268

에필로그	인생을 바꾸는 것은 독서가 아니라 독서의 기술이다	· 273
부록	결정적 순간에 읽으면 좋을 책 best 5	· 277

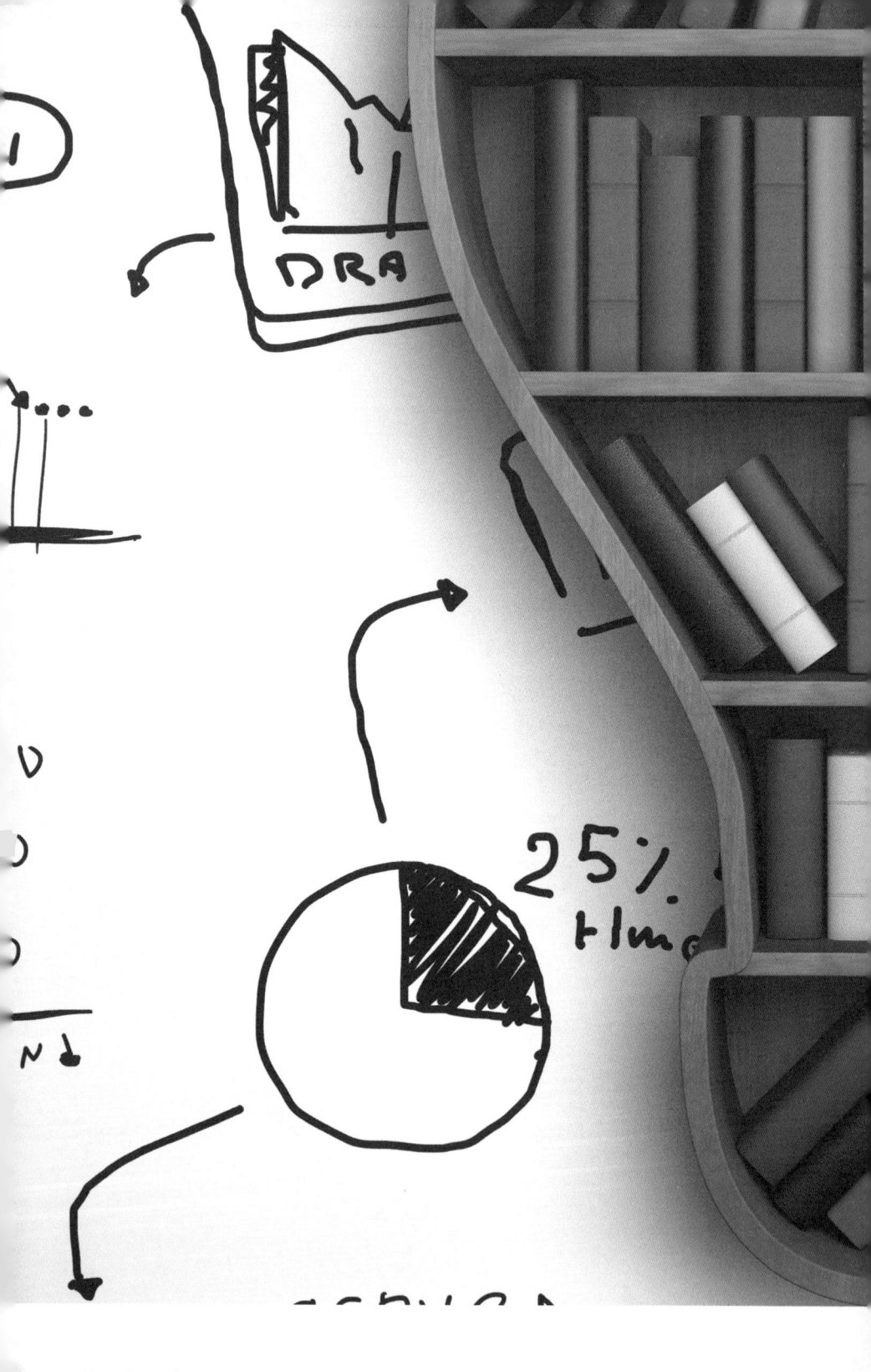

PART **1**

독서 습관보다
중요한 것은
독서 기술이다

나는 책 읽는 방법을 배우기 위해

80년이라는 세월을 바쳤지만

아직까지도 잘 배웠다고 할 수 없다.

괴테

 # 내게는 아직도
독서 습관이 없다

"인간은, 천성은 서로 비슷하지만 습관에 의해서 완전히 달라진다."

이 말은 《논어論語》의 '양화'편陽貨篇에 나오는 공자의 말이다. 그리고 우리에게 《달과 6펜스》로 유명한 영국의 작가 서머셋 몸Somerset Maugham 도 습관에 대해서 강조한 적이 있다.

"책 읽는 습관을 기르는 것은 인생에서 모든 불행으로부터 스스로를 지킬 피난처를 만드는 것이다."

러시아의 대문호 도스토옙스키도 이런 말을 했다.

"습관이란 인간으로 하여금 그 어떤 일도 할 수 있게 만들어준다."

위대한 철학자인 아리스토텔레스도 이런 말을 했다.

"우리는 반복해서 행동하는 것에 의해 만들어진다. 그렇기 때문에 탁월함은 하나의 행동이 아니라 하나의 습관이다."

세상의 모든 현인들이 습관이 가장 중요하다고 이구동성으로 말하고 있다. 물론 나도 역시 습관의 힘을 잘 알고 있다. 하지만 습관은 너무 큰 범주에 속한다. 무엇보다 더 큰 문제는 습관이란 양날의 칼과 같은 속성이 있다는 점이다. 습관은 말 그대로 여러 번 되풀이함으로써 저절로 자연스럽게 반복하게 되는 행동이다. 또한 습관이란 한쪽으로 치우쳐서 고치기 어렵게 된 성질이기도 하다.

10대 때는 그 어떤 것도 성숙한 상태가 아니다. 하나씩 배워 가면서 수많은 시행착오를 통해 좀 더 나아지고 계속해서 성장해 나가야 하는 상태이다. 그런데 놀라운 사실은 이러한 상태가 20대 때 끝나는 것이 아니라는 사실을 40대가 넘은 내가 깨달았다는 것이다. 한마디로 말해서 독서 습관이란 독서를 할 때 자신이 반복하게 되는 행동을 통해 자신만의 독서 행태가 굳어진 행동이라고 할 수 있다.

그렇다면 그렇게 굳어진 10대 때 자신만의 독서 습관이 평생을 가야 하는가? 다른 측면에서 살펴보면, 10대 때 굳어진 불완전한 독서 습관이 평생을 가기 때문에 결국에는 독서를 통해 인생이 바뀌지 않는다고 말할 수 있다. 빌 게이츠가 "하버드 졸업장보다 독서 습관이 더 중요하다"라고 한 것이 당신이 가진 독서 습관을 평생 목숨걸고 지켜야 한다는 말이 아니라는 것이다. 독서 습관은 나이를 먹어감에 따라, 인격과 정신이 성장함에 따라, 경험과 견문이 넓어지고 깊어짐에 따라 계속해서 바뀌어야 한다는 것이다.

나는 아직까지도 독서 습관이 없다. 다행히 나는 독서 습관이 없었기 때문에 자유로운 독서를 할 수 있었고, 지금도 하나의 고정된 독서 습관에 매몰되지 않고 끊임없이 독서의 기술을 향상시키고 있다. 나는 40대가 넘어서 20년도 더 된 몇 만 원짜리 폐기 직전의 헌 노트북으로 글쓰기를 시작했다. 화려한 학벌이나 사회적으로 눈부신 배경은 하나도 없었던 백수가 1년 6개월 만에 33권의 책을 출간했다. 그리고 그 책 중에 적지 않은 수가 베스트셀러가 되었다. 심지어 몇몇 책은 해외에 번역 출간되어 좋은 평가를 받고 있다.

만약에 내게 오래된 독서 습관이 있었다면 나는 이런 기적을 일구어내지 못했을 것이다. 오래된 독서 습관이란 오래전에, 지금보다 훨씬 더 미성숙했을 때 가졌던 독서하는 방법이 그대로 굳어져 버린 것을 의미하기 때문이다.

괴테는 독서하는 방법을 배우기 위해 80년이라는 시간을 보낸 인물이다. 독서하는 방법을 끊임없이 배우고 향상시키기 위해서는 잘못된 독서 습관이나 평생을 똑같은 수준에 머물게 할 수 있는 독서 습관을 버려야 한다. 날마다 자신의 독서 습관을 버리고, 새로운 독서의 기술을 배우기 위해 노력하는 자만이 독서를 통해 인생을 바꿀 수 있다. 그렇게 하기 위해서는 어제까지의 독서 습관을 그대로 따라 하는 것보다 몇 배는 더 힘들 수도 있다. 하지만 독서의 기술을 날마다 향상시키는 과정에서 얻는 희열과 즐거움과 성과는 어제까지의 독서 습관을 그대로 따라 할 때보다 몇 십 배는 더 가치 있는 일이 된다.

아이러니하게도 내가 순수하게 독서를 통해서 작가가 될 수 있었던 것은 나를 언제나 그 위치에 머물게 하는 독이 되는 독서 습관이 애당초 없었기 때문이다. 의지하거나 기댈 수 있는 독서 습관이 없었기에 모든 것을 원점에서 다시 시작해야 했고, 그 덕분에 나는 독서 습관이라는 감옥 속에 갇히지 않고 자유롭고 창조적인 독서를 할 수 있게 되었던 것이다. 친구들도 이 사실을 명심해주었으면 한다.

독서 습관이 무조건 나쁘다는 것이 아니다. 다만 독서 습관은 양날의 칼과 같은 것이다. 칼은 부엌에서 빠져서는 안 될 정도로 유용한 물건이지만 잘못 사용하게 되면 자기 자신과 타인을 해칠 수 있다. 독서 습관도 이와 같다. 독서 습관을 잘 활용하는 사람들은 날마다 어제보다 더 나은 독서의 기술을 익히고, 자신의 독서 생활을 향상해 나간다. 하지만 케케묵은 독서 습관에 수동적으로 반응하면서 독서해 나가는 것은 아까운 시간과 에너지를 동시에 낭비하는 행위가 될 수 있다. 같은 시간 독서를 하고, 같은 양의 책을 읽어도 어떤 사람은 인생이 달라지지만, 어떤 사람은 그렇지 않는 이유가 바로 여기에 있다. 독서의 습관은 양날의 칼이다.

더 놀라운 개인적인 이야기를 하자면 나는 아직도 하루에 열 시간 이상 독서를 하고, 한 달에 두 권 정도의 책을 쓰지만 일주일에 2~3일은 강연으로 집필이 힘들기 때문에 한 달에 두 권 정도의 책을 쓴다 그럼에도 불구하고 독서 습관이 없다. 내가 지금 독서 습관을 만들게 되면 그것에 매몰되고, 그 습관의 노예가 되고, 그 습관이 제시하는 독서의 기술에서 더 나아지지 않기 때문이다.

한 달 후에 나는 지금보다 더 성장해 있을 것이고, 6개월 후에는 또 성장해 있을 것이다. 나는 매일 공부를 하고 독서를 하기 때문이다. 그런데 6개월 후에도, 혹은 한 달 후에도 지금의 독서 기술을 그대로 답습한다면, 즉 독서의 습관을 반복한다면 그것은 나 자신에 대한 기만이며, 속임수이며, 사기 행각일 것이다.

  독서 습관이란 단순히 책을 읽는 습관을 의미하는 것은 아니다. 책을 읽으면서 어떤 식으로 읽고, 어떤 행동을 하며, 어떤 반응을 할 것인지, 그리고 어떤 마음 자세를 가지고, 어떤 끝맺음을 할 것인지에 대한 모든 내적, 외적 행동이 다 담겨 있는 것이다. 그러한 독서 습관은 자신의 의식 수준과 경험에 따라서 지속적으로 바뀌어야만 하는 것이 당연하다. 그렇기 때문에 독서를 많이 할수록 자신의 의식이 달라져야 하고, 그 변화에 따라 독서의 습관도 지속적으로 바뀌어야 한다. 그런 점에서 중요한 것은 독서의 습관이 아니라 독서의 기술이다. 물론 독서의 기술도 날마다 바뀌고 진화해 나가야 한다. 그러므로 독서의 신이 되고 싶다면 지금까지의 독서 습관과 기술은 다 버려야 한다.

 # 많은 양의 독서도 잘못하면 무익하다

"만 권의 책을 읽었지만 내 몸은 아직 서럽기만 하다."

100여 권의 책을 집필한 위대한 천재 괴테의 《파우스트》에 나오는 한 문장이다. 그대들은 어떤가? 만 권의 책을 읽어보았는가? 만 권의 책을 읽어본 1323세대들은 아마도 이 세상에 존재하지 않을지도 모른다. 하지만 우물 안 개구리와 같은 생각을 가져서는 안 된다. 넓은 이 세상 어딘가에는 만 권의 책을 통달한 1323세대가 존재할 수 있고, 그 사람이 바로 그대가 될 수도 있다. 하지만 만 권의 책을 읽었다고 해서 모든 사람의 인생이 바뀌는 것은 아니며, 꿈이 이루어지는 것도 아니다. 즉, 많은 책을 읽고서도 꿈을 이루지 못하는 사람들이 적지 않다. 그 이유는 무엇일까? 한마디로 대답하면, '많은 양의 독서가 무조건 유익한 것은 아닌 것'이기 때문이다.

그렇다면 왜 많은 양의 독서가 무조건 유익한 것은 아닐까? 그것은 책을 제대로 읽는 방법을 모르는 상태에서 그저 양만 늘려 갔기 때문이다. 중요한 것은 물론 양이다. 열 권의 책을 읽는 사람보다 백 권의 책을 읽은 사람이 더 크게 성장하고, 백 권의 책을 읽은 사람보다 천 권의 책을 읽은 사람이 더 크게 성장하며 더 큰 인생을 살게 된다.

하지만 여기에는 한 가지 전제 조건이 있다. 모든 이들이 똑같은 독서법으로 똑같은 효과를 내는 독서를 한다는 것이다. 만약에 백 권의 책을 읽는 사람이 엄청난 독서법으로 한 권 읽을 때마다 남들보다 열 배 이상의 효과를 낸다면 그 사람은 백 권을 읽은 것이 아니라 사실상 천 권을 읽은 것이다. 반대로 어떤 사람이 한 권의 책을 읽더라도 남들의 비해 십분의 일 정도밖에 효과를 내지 못한다면, 즉 배우는 것이 거의 없고, 책을 덮으면 자신에게 남는 것이 하나도 없는 사람의 경우에는 아무리 천 권의 책을 읽었다고 해도 열 권의 책을 제대로 읽은 사람보다 못하다는 것이다. 그런 점에서 매일 독서를 하는 독서 습관보다 더 중요한 것이 독서를 제대로 하는 방법에 대해서 배우는 것이다.

나는 많은 곳으로 강연을 다니는데, 강연 장소에서 보면 꼭 이런 사람이 있다. 자기는 많은 책을 읽었지만 한 권의 책도 쓸 수 없다는 것이다. 그런데 어떻게 해서 선생님은 3년 독서를 통해 1년 6개월 만에 그렇게 많은 책을 집필할 수 있었느냐는 것이다. 그때마다 나는 변함없이 한 가지 말로 답변을 대신한다.

"동일한 조건에서는 열 권 읽은 사람보다는 백 권 읽은 사람이 더 낫지만, 독서하는 방법이 잘못된 경우에는 아무리 많은 책을 읽어도 밑 빠진 독에 물을 붓는 것과 하나도 다를 바가 없습니다."

한마디로 독서량이 문제가 아니라 독서 방법이 문제라는 것이다. 위인들은 자기 나름대로의 독특한 독서법이 있다. 세종대왕은 '백독백습百讀百習'이고, 모택동은 '사다법四多法'이고 다산 선생은 '초서법抄書法'이다. 이렇게 위인들마다 자신만의 독서법이 있다는 이야기는, 다른 말로 해서 이분들이 위대한 인물이 된 이유는 자기 자신에게 가장 효과적인 독서법을 스스로 체득하여 활용했기 때문이라고 할 수 있다. 자, 명심하자. 많은 양의 독서보다 더 중요한 것은 독서법이다.

 # 독서법은
말로 **가르칠 수 없다**

　독서법이란 학원이나 학교에서 선생님이나 강사로부터 배울 수 있는 것이 절대로 아니다. 물론 이것은 내 생각이다. 하지만 독서법을 누군가로부터 배울 수 없다는 것에 대해 나는 확고한 믿음을 가지고 있다. 물론 독서법에 대한 여러 가지 조언과 이야기를 타인으로부터 들을 수 있지만 그것은 모두 조언에 불과할 뿐이다. 이론과 실제는 100퍼센트 차이가 있게 마련이다.

　스키 타는 법을 배울 때 실제로 타지 않고서는 스키를 배울 수 없다. 수영을 배울 때도 반드시 물속에서 직접 수영을 하는 과정을 통해 배워야 하고, 자전거 타는 법을 배울 때도 반드시 자전거 안장에 앉아서 자전거를 타면서 배워야 한다. 만약에 학원이나 학교 교실에서 스키 타는 법이나 자전거 타는 법에 대해서 배운다면, 아무리 많은 시간을 배워도 그러한 배움만으로 스키를 잘 타거나 자전거 타는 법을 완벽하게 숙달하는 친구는 단 한 명도 없을 것이다. 이와 마찬가지로 독서법을 빨리 배우고 싶은 사람은 독서를 직접 하면서 배우는 방법 외에는 그 어떤 방법도 없음을 알아야 한다.

  작가가 되는 법이나 글쓰기를 하는 법도 독서를 하는 법과 마찬가지로 말로 가르쳐줄 수 없는 것이고, 배울 수 없는 것이다. 그래서 글쓰기에 대한 책들은 대부분 헛소리에 불과한 것이라고 세계적인 소설가 스티븐 킹이 말한 것이다.

  걷는 법을 배우는 방법은 단 한 가지이다. 일어나서 걸어보는 것을 수백 번 혹은 수천 번 하다 보면 걷게 된다. 아기들은 아무리 많이 넘어져도 금세 또다시 일어나 걷는 것을 시도하고 도전하고 또 실패한다. 하지만 또다시 시도한다. 이렇게 수도 없이 반복한 후 아기는 걷는 법을 완전하게 터득하게 된다. 독서법도 이와 다르지 않다. 그대들이 읽은 책이 수백 권 정도가 될 때 어느 정도 독서하는 방법에 대해 온몸으로 배울 수 있게 될 것이다.

# 잘못된 독서법
vs 올바른 독서법

　독서법의 잘못된 예와 잘된 예는 어떤 것이 있을까? 가장 잘못된 독서법 중에 하나는 속독법이다. 속독법은 책을 빨리 읽는 독서법이다. 하지만 나는 이 방법을 절대로 추천하고 싶지 않다. 나 역시 속독법에 대해서 관심이 있던 독자였고, 실제로 6개월 정도 속독법에 대한 많은 책을 읽어보기도 했으며, 실제로 배운 적도 있었다.

　하지만 내게는 속독법이 하나도 도움이 되지 않았다. 눈으로 책을 빨리 읽어낼 줄 안다고 해서 그것이 나의 성장에 그 어떤 도움이 될 수 있다는 것을 의미하는 것은 아니었기 때문이다. 무조건 많은 책을 읽는 것이 좋은 것만은 아니라는 말이다. 읽은 만큼 그것이 자신에게 남는 것이 있을 때 많은 책을 읽는 것이 좋은 것이지, 그렇지 않을 때는 오히려 시간 낭비와 같은 행위가 될 수 있다는 점도 간과해서는 안 된다.

내가 생각하는 두 번째 잘못된 독서법은 지식의 확장을 위해서, 교양을 위해서, 남에게 뒤처지지 않기 위해서, 누군가를 비판하기 위해서, 잘난 척하기 위해서, 남들에게 자랑하기 위해서 책을 읽는 행위이며, 그러한 의도를 토대로 한 독서 접근법이다. 이러한 의도는 고스란히 독서하는 방법을 왜곡시키고, 제대로 된 독서법을 발견하지 못하게 하기 때문에 최악의 독서법이라고 말할 수 있다.

무엇인가를 위한 독서를 하기 때문에 제대로 된 독서 방법을 발견하지 못하고 배울 수 없게 된다는 사실은 충격적일 것이다. 하지만 독서는 하나의 기술이면서 동시에 온몸과 마음, 영혼과 육체, 지성과 감성, 개인과 사회, 현재와 과거 그리고 미래라는 모든 요소가 복합된 사회적 행위다. 그렇기 때문에 독서는 한 개인의 독립적인 행위가 아니다. 글쓰기가 한 개인의 순수한 의도의 글쓰기가 아닌 것처럼 말이다.

미셸 푸코는 "텍스트란 작가 개인의 작업이 아니다. 사회의 힘에 의해 쓰이는 사회적 작업이다"라고 말한 적이 있다. 그리고 롤랑 바르트도 역시 이와 비슷한 의미의 말을 던진 적이 있다.

"글쓰기란 하얀 종이 위에 저자의 순수한 의도가 지나가는 길이 아니며, 저자와 독자를 매개로 이루어지는 정치, 경제적 사건이다."

독서법이 중요한 이유, 그리고 독서가 한 사람을 사회적으로, 경제적으로, 정치적으로 큰 영향력을 가진 사람으로 충분히 바꿀 수 있는 이유가 여기에 있다. 독서는 사회적 행위이고, 경제적 행위이며, 정치적 행위가 될 수 있기 때문이다. 이것은 성인들조차 제대로 이해하지 못하는 개념이다. 그래서 성인들도 독서법을 제대로 이해하고 실천하는 사람들이 많지 않다. 이 부분에 대한 논의는 성인들을 대상으로 한 다른 책에서 본격적으로 하기로 하고, 이 책에서는 쉽고 단순하면서도 유익하고 중요한 독서 방법에 대한 논의를 계속해 보기로 하자.

올바른 독서법은 지식의 확장과는 아무 상관이 없다. 지식의 확장은 학교에서도, 타인에 의해서도, 심지어 인터넷이나 TV, 동영상 등과 같은 다양한 미디어를 통해서도 충분히 가능하며, 실제로 지식을 이런 미디어를 통해서도 확장하고 있다. 그렇기 때문에 굳이 독서하는 행위를 통해 지식의 확장만을 목적으로 삼는 독서 방법은 잘못된 것이다. 지식의 확장보다 더 중요하고 가치 있는 것이 있는데 그것을 마다할 이유가 하나도 없기 때문이다.

올바른 독서법으로 독서를 하게 되면 지식의 확장과는 상상도 할 수 없을 정도로 엄청난 것이 확장된다. 그것은 바로 의식이다. 내가 말하는 의식은 지혜가 아니다. 내가 말하는 의식은 생각의 흐름이다. 그리고 그 생각의 흐름은 우리의 무의식에서 벗어난 독립적인 것이 될 수 없다. 그렇기 때문에 내가 말하는 의식은 오히려 무의식을 포함한 인간의 생각과 정신의 큰 덩어리를 말한다.

의식 수준이 높다는 것은 생각이 강한 사람, 생각이 큰 사람, 생각이 높은 사람을 의미한다. 그래서 의식이 높아진 사람들은 무엇을 해도 남들보다 잘할 수 있고, 위대한 인물이 될 수 있는 것이다.

그 사람이 어떤 사람인지 알아볼 수 있는 최고의 방법은 그 사람이 종일 어떤 생각을 하며 살아가는 사람인지를 아는 것이다. 그 사람이 아무리 높은 지위에 있고, 아무리 많은 지식을 가지고 있고, 아무리 많은 돈을 가지고 있다고 해도 그러한 것들이 그 사람의 크기나 인격이나 전부를 말해주지는 않는다. 그 사람의 생각이 어떠한 것인지에 따라 그 사람의 됨됨이와 모든 것을 알 수 있다.

온종일 누군가를 사로잡는 생각과 정신 상태가 의식이다. 이 의식에 따라 그 사람의 미래와 꿈이 결정된다. 의식 수준이 낮을수록 평범한 인생을 살아가게 되고, 의식 수준이 높을수록 비범한 인생을 살아가게 된다.

독서 최고의 효과는 의식을 높일 수 있다는 점이다. 인간의 육체는 운동을 통해서 강하게 만들 수 있듯이 인간의 의식은 독서를 통해서 강하게 만들 수 있다. 독서라는 동일한 행위를 통해서 어떤 친구는 지식만 얻는다. 하지만 어떤 친구는 의식을 조금씩 성장시켜 나간다. 이 두 친구 중에 어떤 친구가 나중에 꿈을 실현하고 위대한 인생을 살아갈 수 있을까? 바로 독서를 통해 의식을 변화시킨 친구일 것이다. 링컨 대통령, 윈스턴 처칠, 나폴레옹, 오프라 윈프리, 버락 오바마, 빌 게이츠, 워런 버핏, 모택동, 에디슨 등과 같은 위인들은 모두 독서를 통해 지식이 아니라 의식을 확장시킨 인물들이다.

올바른 독서법은 지식이 아니라 의식을 변화시킨다. 이 사실을 명심하자.

 # 책 읽기에 관한 고정관념에서 벗어나라

책 읽기에 대해 그대들은 어떤 생각을 가지고 있는가? 어떤 친구들은 책 읽기가 매우 힘들고 어렵고 재미없는 것이라고 생각한다. 또 다른 친구는 반대로 책 읽기가 매우 재미있고 즐거운 것이라고 생각한다. 나는 40대 이전까지는 책 읽기에 대해서 첫 번째 친구와 같은 생각을 가지고 있었다. 하지만 40대를 전후하여 그 생각이 완전하게 바뀌었다. 그래서 지금은 두 번째 친구와 같은 생각을 가지고 있다. 독서에 대한 생각이 중요한 이유는 어떤 생각을 하느냐에 따라 독서와 친해질 수도 있고, 반대로 멀어질 수도 있기 때문이다.

많은 사람들이 가지고 있는 독서에 대한 최악의 고정관념은, 책은 반드시 처음부터 끝까지 다 읽어야만 한다는 생각이다. 이러한 생각이 무조건 나쁘다거나 잘못되었다는 것은 절대 아니다. 하지만 이러한 생각 때문에 얼마나 많은 이들이 독서와 평생 담을 쌓고 살아가고 있는지 알게 된다면 놀라워하지 않을 사람이 없을 것이다. 소가 수레를 이끌 듯 생각이 친구들을 이끄는 것이다. 그런데 책에 대한 이런 생각은 책에 다가가고자 하는 친구들의 행동을 가로막는 장애물이 된다.

책은 반드시 처음부터 끝까지 다 읽어야만 하는 것은 아니다. 그렇게 해야 한다는 법도 없고, 원칙도 없다. 그렇게 하는 것보다는 그 시간에 다양한 작가들의 주장이 담긴 여러 책들을 두루두루 섭렵하는 것이 훨씬 더 효과적인 독서 방법일 수 있다.

과거에는 책이 귀했다. 한두 권의 책을 구하기가 매우 힘들었고, 그 결과 한 권을 수십 번 혹은 수백 번 읽는 독서 방법이 유행할 수밖에 없었다. 책을 구하기 힘든 환경이었기 때문에 책의 내용을 처음부터 끝까지 베끼는 필사가 발달하기도 했다. 하지만 지금은 같은 주제에 대한 책을 여러 권 구하는 것이 라면을 끓이는 것보다 더 쉬운 일이 되어 버렸다.

바로 이러한 시대적 변화는 독서 방법의 변화를 이끌어냈다. 과거에는 한 권을 백 번 읽는 것이 좋은 독서법이라고 말하는 사람들이 많았다. 하지만 지금은 한 권을 백 번 읽는 시간에 같은 주제에 대한 책 백 권을 한 번씩 읽는 것이 훨씬 더 유연한 사고력과 창조력에 도움이 된다고 나는 생각한다.

일본에서 최고의 독서가로 인정받고 있는 어떤 작가가 다독술을 강조하고 있는 것은 바로 이런 이유 때문일 것이다. 어떤 책을 읽더라도 반드시 처음부터 끝까지 다 읽어야만 한다는 그런 잘못된 고정관념은 즐겁고 신이 나야 할 책 읽기 행위를 재미없어도 의무적으로 해야만 하는 그 어떤 것으로 전락시켜 버린다.

드라마를 좋아하는 사람이라고 해도 어떤 드라마가 재미없어지거나 흥미가 없어지면 그 드라마에 대한 시청을 포기할 수 있다. 그러나 특정 드라마에 대한 시청 포기가 그 사람이 드라마 자체를 싫어한다거나 앞으로 더는 드라마를 보지 않을 것이라는 사실을 의미하는 것은 아니다.

책도 이와 다르지 않다. 수백만 권의 책이 도서관에 있다. 친구들은 그 책들 중에서 정말로 재미있고 유익하고 좋은 책을 읽을 수 있다. 하지만 자신의 수준에 맞지 않는 책들을 본다고 즐겁지도 않은 독서를 할 필요는 절대로 없다.

자신의 수준에 맞지 않는 책을 읽어야만 수준이 높아진다고 생각하는 것도 책에 대한 잘못된 고정관념 중에 하나다. 수준이 높은 책을 본다고 해서 수준이 높아지는 것이 아니라. 수준이 높아졌기 때문에 수준이 높은 책도 즐겁고 유익하게 볼 수 있는 것이다.

이것은 스키 타는 것과 같은 이치다. 초급 수준의 친구가 상급 수준의 슬로프에서 스키를 탄다고 스키 실력이 향상되는 것은 아니다. 초급 수준의 친구는 초급 수준의 슬로프에서 조금씩 실력을 향상시킨 후에 상급 수준이 되면 그때 상급자 슬로프를 타야 재미있게 탈 수 있는 법이다. 그런데 초급자가 무턱대고 상급자 슬로프를 타게 되면 엄청난 위험과 공포 속에서 수십 번 넘어져야 하고, 제대로 스키를 즐길 수조차 없게 된다.

내가 《군주론》이라는 고전을 읽었을 때의 경험을 예로 들어 보겠다. 독서 수준이 낮았을 때 그 책을 읽고 가장 먼저 깨달은 사실은 책이 재미없다는 것, 그래서 아무것도 배우지 못했다는 것이다. 반면에 수천 권의 책을 읽고 의식을 변화시킨 후에 그 책을 읽었을 때는 마치 만화책을 읽는 것처럼 재미있게 느껴졌을 뿐만 아니라 그 책을 통해 엄청난 세상의 이치와 인간에 대해서 배울 수 있었다.

어떻게 된 일일까? 《군주론》이란 책의 내용이 달라진 것일까? 아니다. 책의 내용은 절대로 바뀌지 않았다. 바뀐 것이 있다면 나 자신의 의식이었다. 명심해야 할 한 가지 사실은 수준 높은 책을 읽는 것이 중요한 것이 아니라 자신의 수준을 먼저 높이는 것이 중요하다는 것이다.

책은 거울과 같은 것이다. 내가 수준이 높으면 한 권의 책에서 많은 것을 배울 수 있고, 반대로 내가 수준이 낮으면 한 권의 책에서 많은 것을 얻어내지 못하게 된다. 이것은 의식이 높은 친구들은 깊은 생각을 할 수 있고, 그로 인해 어떤 일을 하거나 선택을 할 때 좀 더 현명하고 올바른 선택을 할 수 있지만 의식이 낮은 친구들은 그렇지 못한 것과 같다.

책 읽기에는 그 어떤 원칙도 정해진 틀도 없다. 있다고 하더라도 친구들은 그것을 무시하거나 벗어날 필요가 있다. 자기만의 독서 방법을 만들기 위해서 이러한 결단은 꼭 필요하다.

어떤 독서가는 10권을 동시에 펼쳐놓고 읽는다. 또 어떤 독서가는 낮이 아니라 밤에만 책을 읽는다. 또 어떤 독서가는 책의 핵심만 뽑아내어 읽는다. 또 어떤 독서가는 반드시 연필을 들고 정리를 하면서 읽는다. 최고의 독서법에 대한 평가 기준은 세상이 아니라 바로 당신 자신이다.

독서 습관보다
독서법이 더 중요하다

"하버드 대학교의 졸업장보다 독서하는 습관이 더 중요하다."

마이크로소프트사를 창립하여 컴퓨터와 디지털 시대의 선도자가 된 빌 게이츠가 한 말이다. 그는 또한 "컴퓨터가 책을 완전히 대체할 수는 없다. 내가 살던 마을의 작은 도서관이 지금의 나를 만들었다"고 말한 적도 있다. 하지만 나는 그가 이미 올바른 독서법을 가지고 있었던 사람이었기에 남들보다 더 많은 책을 읽는 독서 습관이 하버드 대학교의 졸업장보다 더 중요한 가치가 있다고 말할 수 있는 것이라 생각한다.

그는 하루에 한 시간씩, 주말에는 서너 시간씩을 꼭 책을 읽는 독서광이었고, 어렸을 때부터 엄청난 독서 습관을 가지고 있었다. 그런데 생각해보자. 빌 게이츠처럼 엄청난 독서 습관, 즉 밥을 먹을 때도 손에서 책을 떼지 못하고, 심지어 학교 공부보다 독서를 더 좋아하는 그런 아이들이 많지는 않지만 전 세계적으로 볼 때 수백 명 혹은 수천 명은 넘을 것이라고 나는 생각한다.

그런데 그 많은 독서광들이 모두 빌 게이츠처럼 세계 최고의 부자가 되는 것은 절대 아니다. 오히려 그 많은 독서광 중에서 빌 게이츠처럼 세계 최고의 부자가 된 사람은 극소수라는 사실을 절대로 잊어서는 안 된다. 이러한 사실이 말해주는 교훈은 "하버드 대학교의 졸업장보다 독서하는 습관이 더 중요하지만, 독서하는 습관보다 더 중요한 것이 있다"는 사실일 것이다. 그리고 바로 그것, 즉 독서하는 습관보다 더 중요한 것은 '올바른 독서법'이다.

옛날에 어떤 마을에 아주 성실하고 근면하고 책임감 있는 청년이 살았다. 그 청년은 근면 성실하기로 아주 유명한 청년이었다. 그리고 또 다른 청년이 그 마을에 함께 살았다. 두 번째 청년은 첫 번째 청년과 달리 타고난 성실이나 근면은 없었다. 하지만 깊은 사고력을 가지고 있었고, 때때로 책을 집중적으로 많이 읽는 청년이었다.

두 사람의 인생 초반기는 별로 큰 차이가 나지 않았다. 그런데 갈수록 한 청년은 다른 청년에 비해서 인생을 잘 살지 못하는 것이었다. 그리고 그 격차는 갈수록 더 심해졌다. 결국 한 청년은 엄청난 성공을 했고, 큰 부자가 되었다. 그런데 다른 한 청년은 갈수록 가난해졌고, 갈수록 생활이 힘들어졌다. 부나 성공이라는 측면을 무시하더라도 한 청년은 자신의 삶에 큰 보람을 느끼고 큰 의미와 가치를 발견했지만, 다른 한 청년은 노년이 되었을 때 그 어떤 의미나 가치도 발견하지 못한 채 쓸쓸하게 보내야 했다. 과연 어떤 청년이 성공을 했고, 자신의 인생에서 큰 의미와 가치와 보람을 발견했을까? 반대로 어떤 청년이 인생에서 실패를 했고, 그 어떤 의미나 가치조차도 발견하지 못했을까?

인생에 있어서 큰 성공을 거두었을 뿐만 아니라 큰 의미와 가치와 보람을 발견한 청년은 매일 근면하게 일을 했던 청년이 아니라 집중적으로 많은 책을 읽어 깊은 사고력을 가지게 된 청년이었다. 반대로 타고난 근면 성실로 매일 새벽부터 밤늦게까지 바쁘게 일을 했던 청년은 노년이 될 때까지도 평생 바쁘게 일만 했다. 근면한 습관이 그에게 덕이 된 것이 아니라 오히려 해가 되었던 것이다.

독서 습관도 이와 다르지 않다. 무조건 많은 책을 읽기만 하는 독서 습관은 남는 것이 없고, 백해무익한 습관 중에 하나다. 올바른 독서법을 가지고 있어야 비로소 독서 습관이 제구실을 할 수 있다.

나 역시 근면하게 일만 했던 청년처럼 그렇게 11년을 대기업에서 일만 하면서 바쁘게, 누구보다 더 책임감 있게 주어진 일을 완수해 내면서 살았다. 그런데 그렇게 살면 살수록 인생은 더 힘이 들고, 더 별 볼 일 없어진다는 사실을 알게 되었다. 그래서 그런 생활을 그만두고, 조용히 책을 읽고 사색하는 생활을 하자 엄청난 변화가 인생에서 일어나게 되었고, 그 결과 지금은 유명인사에 준하는 베스트셀러 작가가 될 수 있었다.

 # 속독법은
독서 초보가 **배울 수 없다**

나의 부끄러운 과거를 밝혀야 할 것 같다. 나는 40대가 되기 전에는 책과 친하지 않았다. 내가 책과 친하지 않았던 단 한 가지 이유가 있다면 그것은 독서하는 방법을 제대로 몰랐기 때문이다. 아무도 내게 제대로 된 독서법을 가르쳐주지 않았고, 스스로도 배우고 익히고자 하지 않았다. 독서를 제대로 하기 위해서는 독서하는 기술을 배워야 한다거나 숙달시켜야 한다는 사실에 대해서 한 번도 들어보지 못했기 때문이다.

여기서 말하는 독서의 기술은 절대 속독법이 아니다. 속독법은 내가 생각하기에 가장 경계해야 할 나쁜 독서법이다. 물론 독서의 기술이 뛰어난 고수들은 자연스럽게 속독을 하게 되는 경우도 있지만, 독서 초보자들이 속독법부터 배우는 것은 걷는 법도 배우지 못한 사람에게 달리는 법을 가르치는 것과 같다.

독서를 잘하는 친구들이 속독법을 배우지 않고서도 얼마든지 독서를 잘하는 이유가 바로 이것이다. 잘 걷는 사람들은 걷는 것만으로도 많은 곳을 갈 수 있기 때문이다. 독서 초보자들에게 속독법은 과욕을 부추기게 하고, 그 결과 독서와 담을 쌓게 만드는 재앙을 초래할 수 있다.

친구들이 명심해야 할 한 가지 사실은 속독법은 독서 초보자들이 배울 수 있는 그런 독서법이 절대 아니라는 점이다. 위대한 독서가들 중에서 정통 속독법으로 독서를 잘하게 된 사람은 많지 않다. 좀 더 심하게 말해서 위대한 독서가 중에는 그저 일반적인 독서법_{여기서 말하는 일반적인 독서법이란 속독법이 아닌 그 외의 독서법}으로 독서 고수가 된 사람들이 대부분이다.

한 시간에 여러 권의 책을 마스터하는 그런 속독법의 고수들이 TV에 출연하여 자신의 속독 기술을 한껏 뽐낸 적이 있다. 그당시에 나는 청소년이었던 것 같다. 그런데 생각해보면, 그때 그렇게 속독법을 자랑했던 친구들 중에 위대한 인물이 되었다거나 위대한 독서의 고수들이 된 사람들을 한 번도 만나본 적이 없다. 위인들의 경우에는 더욱 그렇다.

속독법은 그저 빨리 읽는 기술일 뿐 제대로 된 독서법이라고 생각하지 않는다. 오히려 속독법을 힘들게 익히게 되면, 아무리 많은 책을 읽더라도 자신의 피와 살이 전혀 되지 않는 재앙에 빠지게 될 수 있다. 오랜 시간에 걸쳐 올바른 독서법을 배우고 익혀서 숙달한 중급자나 상급자 수준의 사람들이 더욱더 놀라운 기술을 익힐 때 사용하거나 활용할 수 있는 기술 중에 하나가 속독일 뿐이다. 그런 점에서 일반 독자들은 독서에 깊게 **빠져든 후**, 다시 말해 자기 나름대로의 독서법을 가진 후에 좀 더 응용할 기술 중에 하나로 속독을 생각해보라는 것이다.

   나의 생각이지만 속독은 너무 빠른 속도가 가장 큰 문제다. 때로는 적당한 속도가 더 나은 법이다.

 ## 독서의 신이 되는 데
1만 시간이 걸린다

"세상에 공짜 점심이란 없다."

내가 30개월 이상 고군분투하면서 터득하고 숙달하게 된 독서의 기술은 한두 시간 강의로 가르칠 수도 없고, 배울 수도 없는 것이다. 스키를 잘 타는 고수들이 3~4년을 통해서 배우고 익힌 자신의 기술을 한두 시간 강의로 어떻게 초보자들에게 가르쳐줄 수 있을까?

올바른 독서법을 배우는 것도 다른 것을 배우는 것과 다를 바 없다. 가장 조심해야 하는 것은 욕심을 버리는 것, 즉 욕심을 내지 않는 것이다. 한 번에 한 걸음씩 차근차근 배워가다 보면 어느새 하루에 서너 권의 책도 독파할 수 있는 독서의 고수가 될 수 있지만, 처음부터 욕심을 내고, 결과에 집착하여 마음이 급하고 조급한 사람들은 중도에 하차할 수밖에 없다.

어떤 분야에서든 대가가 되기 위해서는 최소 3년에서 10년이 걸린다. "하루에 3시간을 걸으면 7년 후에 지구를 한 바퀴 돌 수 있다"고 말했던 영국의 시인이자 평론가 사무엘 존슨은 집안이 가난하여 옥스퍼드 대학을 졸업하지 못했다. 하지만 그는 자신의 말대로 가난과 싸우면서 혼자 힘으로 8년간을 소요하며 〈영어 사전〉을 완성했고, 결국에는 많은 숭배자들을 만들 정도로 유명한 인물이 되었다.

성공과 기회를 잡은 사람들의 성공 요인을 분석한 책인 말콤 글래드웰의 《아웃라이어》라는 책에 보면 이런 사실에 대해서 명확하게 설명하고 있다.

> 음악평론가 헤롤드 쇤베르그Herold Schonberg는 여기서 한 걸음 더 나아간다. 그는 모차르트의 위대한 작품들이 작곡을 시작한 지 20년이 지나서야 나오기 시작한 것을 볼 때, 모차르트의 재능은 '늦게 계발되었다'고 평가한다. 마찬가지로 위대한 체스 그랜드마스터가 되려면 약 10년이 필요하다전설적인 바비 피셔는 그 시간을 좀 단축해 9년 만에 엘리트 레벨에 들어갔다. 대체 그 10년이 의미하는 것은 무엇이란 말인가? 1만 시간의 고된 연습을 하려면 그 정도의 세월이 필요하다는 얘기다. 1만 시간은 위대함을 낳는 '매직 넘버'다.

이 책을 통해 내가 깨달은 통찰 중에 하나는 천재들은 타고나는 것이 아니라 스스로 만들어간다는 사실이다. 대표적인 인물이 모차르트이다. 그는 음악의 신동이라는 별명을 가지고 있을 만큼 많은 사람들이 천재로 생각하는 인물이다. 하지만 모차르트도 역시 10대 때는 별 볼 일 없는 작품들만 작곡한 그저 그런 평범한 인물이었다는 사실에 대해 확실하게 알게 된 이후부터 이 세상에는 공짜가 없다는 사실도 함께 알게 되었다.

그렇다. 이 세상에는 저절로 천재가 된 사람들은 없다.

 천재들을 만든
천재들의 독서법

　세계에서 최고로 위대한 천재라고 소문이 난 레오나르도 다 빈치의 경우에 대해서도 뒤늦게 안 사실이지만, 그는 7,000여 페이지에 달하는 노트를 만들 만큼 열정적으로 책을 읽고 독학한 사람이다. 무엇보다 그는 최고의 독서법을 스스로 가지고 있었던 사람이라는 사실에 대해 나는 확신하게 되었다. 그는 남들과 다르게 양손잡이였고, 특이하게 양손으로 글을 썼다. 더욱더 특이한 것은 거꾸로 글을 썼기 때문에 그의 노트는 거울로 봐야 일반 사람들이 알 수 있다는 사실이다.
　우리나라 조선의 선비 중에서 가장 많은 책을 집필한 조선 최고의 선비 두 명은 누구일까? 첫 번째 선비는 혜강 최한기 선생이다. 그는 1,000여 권이 넘는 책을 집필한 인물로 전해져 내려온다. 하지만 그중에서 10퍼센트 정도만이 지금 보존되어 있다. 그래서 실제로 가장 많은 책이 내려온 선비는 다산 정약용 선생이다. 다산 정약용 선생은 18세기 실학사상을 집대성한 조선 최대의 실학자이자 개혁가이다. 그는 신유사화 때 정치의 소용돌이 속에서 겨우 목숨을 부지할 수 있었지만 낯선 지방으로 보내져 유배생활을 해야 하는 처량한 신세가 되었다.

그의 인생에서 가장 큰 성과를 창출했던 18년 동안의 강진 유배생활에서 그로 하여금 500여 권이라는 놀라운 서적들의 집필을 가능하게 했던 단 한 가지 이유는 천재들만이 가지고 있었던 뛰어난 독서법 때문이었다고 나는 생각한다. 그가 스스로 배우고 익혀서 자녀들에게까지 권유했던 독서법은 세종대왕의 독서법, 다 빈치의 독서법, 처칠의 독서법, 모택동의 독서법과 한 가지 유사한 점이 있다는 것을 나는 발견했다. 그것은 바로 '눈만 가지고 책을 읽는 독서법'이 아니라 '반드시 손을 움직여 노트에 필기를 하는 독서법'이었던 것이다.

다산 선생의 독서법은 초서법抄書法이다. 이것은 중요한 대목을 골라 뽑아서 노트에 옮겨 적는다는 것이다. 세종대왕의 독서법은 백독백습百讀百習이다. '백 번 읽고 백 번 쓴다'는 것이다. 모택동은 "붓을 들지 않는 독서는 독서가 아니다"라고 말했다. 그가 스승한테 배운 최고의 독서 방법은 붓을 들고 하는 독서였다. 윈스턴 처칠은 독서를 할 때마다 마음에 드는 인용구나 문장을 항상 노트에 옮겨 적으면서 독서하는 습관이 있었다.

이 네 사람은 위대한 인물들이고 최고의 독서 고수들이다. 이들이 가진 독서법의 공통점은 단 한 가지 '연필이나 붓을 들고 쓰면서 하는 독서'라는 것이다. 한마디로 '독서의 완성, 즉 읽기의 완성은 쓰기여야 한다'고 생각하는 사람들이다.

다산 선생의 초서법에 대해서는 PART 5에서 좀 더 심층적으로 다루어볼 것이다. 하지만 다른 천재들의 독서법에 대한 논의는 너무 방대하고 깊은 내용이기에 나도 역시 더욱 공부를 해야 한다. 위대한 천재들만이 가지고 있는 천재가 되는 독서법에 대해서는 다음에 좀 더 깊이 있는 연구를 통해 성인들을 위한 독서법 책에서 논의하고자 한다. 13,23세대들에게는 이 책에서 이야기하고 있는 독서법 이야기만으로도 충분히 차고 넘칠 것이라고 생각한다. 사실 10대들이 소화하기 힘든 깊이 있는 이야기도 없지 않다. 하지만 수준 높은 친구들도 이 책을 볼 것이기 때문에 그들의 수준에 맞게 어른들도 잘 모르는 깊이 있는 이야기를 나는 할 것이다.

앞에서도 말했듯이 독서의 신이 되기 위해서 필요한 시간은 1만 시간이다. 그리고 독서법을 제대로 숙달하고 익히기 위해 필요한 시간은 최소 6개월이라고 나는 생각한다. 그렇기 때문에 최소 6개월에서 1년 정도 집중적인 독서를 하면서 독서법을 계발하지 않은 사람들이 마음만 앞서서 독서를 잘하고 싶다고 이런저런 독서법에 대한 책만 읽고 '왜 나는 안 되는 것인가'라고 한탄하는 것은 욕심이 지나친 것이다. 자신의 욕심을 탓해야 한다.

어떤 독서의 고수도 1~2년 만에 그 자리에 오른 사람은 없다. 설사 그런 사람들이 있다고 하더라도 친구들은 5년이 걸리고 10년이 걸려도 그것을 부끄러워할 필요가 없다. 오히려 대기만성인 법이다. 나의 경우에는 1323세대 때 불가능했다. 결과적으로 40대가 되어야 비로소 독서법을 터득할 수 있었고, 독서의 고수가 될 수 있었다. 그렇게 오랜 시간이 걸리게 되자 더 큰 성과를 얻게 되었다. 만약에 내가 조급한 마음을 가지고 20대 때 어설프게 독서법을 깨우쳤다면 한두 권의 책도 출간하지 못하는 그런 사람이 되었을 것이다.

독서법을 터득하는 데 80년이 걸린 천재 괴테

　독서의 신이 되기 위해서 가장 먼저 해야 하는 것은 마음을 비우고, 욕심을 버리는 것이다. 그저 그런 삶을 살던 나는 40대를 전후하여 도서관에서 책과 친해질 수 있는 기회를 스스로 만들었다. 11년 동안 다른 사람들이 그토록 취업하고 싶어하는 회사 중 하나인 대기업을 다녔던 나는 그 직장을 휴지 버리듯 그렇게 그만두고 부산에 내려가 도서관에 매일 출퇴근했다. 내 개인적인 학교로 도서관을 삼았고, 책을 스승으로 삼은 것이다. 그곳에서 나는 3년, 즉 1,000일 동안 책에 푹 빠지게 되었다. 요즘 1323세대들이 컴퓨터 게임이나 아이돌 스타에 푹 빠지듯, 나는 도서관에서 살아 숨 쉬고 있는 수많은 책들에 푹 빠졌다. 이것을 한자로는 '독서삼매경讀書三昧境'에 빠졌다고 한다.

　나는 정말 3년 동안 고스란히 독서에 빠졌다. 직장도 안 다니고, 친구도 안 만나고, 심지어 신문과 뉴스도 보지 않았다. 그저 책에 완전하게 빠져 들었다. 그 과정에서 처음 6개월 동안은 매우 힘들고 어려운 시기를 보내야 했다. 그 이유는 독서하는 방법을 제대로 알지 못했기 때문이다. 거짓말하지 않고, 하루에 열 시간에서 열다섯 시간을 도서관 책상에 앉아서 책을 읽었다. 하지만 독서하는 방법이 잘못되었기 때문에 나에게 남은 것, 즉 내 것이 되는 게 하나도 없었다. 책을 읽을 때뿐이고 책을 덮으면 하나도 기억나지 않았다. 무슨 내용인지, 중요한 핵심은 무엇인지, 내가 배울 교훈은 무엇인지, 작가가 무슨 이야기를 하고자 하는 것인지, 그래서 어떻게 하라는 것인지, 내 인생과 어떤 관계가 있는 것인지……. 이 모든 것이 하나도 생각나지 않았던 것이다.

그렇게 6개월 동안의 힘든 시기를 겪고 나서 어느 순간 조금씩 독서하는 방법을 깨닫기 시작했고, 체득해 나가기 시작했다. 독서하는 방법이 제대로 형성되어 가자 그것에 비례해서 독서력이 기하급수적으로 향상되었고, 급기야는 하루에 열 권 이상의 책도 쉽게 볼 수 있게 되었다. 그저 눈으로만 읽고 마는 독서가 아니라 피와 살이 되는 진짜 독서를 그때부터 비로소 할 수 있게 되었고, 그렇게 독서법을 제대로 익히자 독서하는 속도와 효과가 수백 배 향상되었음을 직관적으로 느낄 수 있었다. 병에 걸려서 몸이 무겁고 아팠던 사람이 완벽하게 치료가 되어 몸이 가벼워지고, 건강해졌다는 것을 의사보다 먼저 느낄 수 있는 것처럼 말이다.

괴테가 했던 이 말의 의미가 무엇인지 체감할 수 있었다.

"나는 책 읽는 방법을 배우기 위해 80년이라는 세월을 바쳤지만 아직까지도 잘 배웠다고 할 수 없다."

 나도 역시 독서에 대해서는 환자와 같았고, 건강하지 못했다. 하지만 독서법을 배우게 되자 독서에 대해서 대가가 되었고, 건강해졌다고 할 수 있다. 그대들이여, 이 말 하나는 명심해주기를 바란다.

 "문제는 독서 습관이 아니라 독서법이다."

독서 습관보다
먼저 독서력을 키워라

내가 좋아하는 작가 중에는 한국인도 있고, 일본인도 있고, 미국인도 있고, 영국인도 있고, 프랑스인도 있다. 그중에서 오늘 이야기하고 싶은 작가는 일본인이다. 《독서력讀書力》이라는 책의 저자인 사이토 다카시. 그가 가진 독서에 대한 견해와 철학이 나와 비슷하기 때문에 나는 그를 좋아한다. 독서에 대한 그의 견해 중 내 생각과 일치하는 부분은 무작정 덮어놓고 책만 읽는다고 해서 그것이 올바른 독서라고 할 수 없다는 대목이다. 독서에도 방법이 있고 요령이 있다. 그가 주장하는 내용 중에 나의 마음을 사로잡은 것은 독서력에 대한 이야기로, 독서력이 있는 사람과 없는 사람의 큰 차이를 말해준다.

그렇다면 독서력이란 무엇인가? 그가 제안하는 독서력은 책 한 권을 빨리 읽는 기술이 아니다. 내용을 정확하게 파악하는 효율적인 독서법을 말한다. 그래서 그는 독서력 검정 시험을 실시한다면 이런 방법으로 독서력을 측정할 것이라고 한다.

만약 내가 독서력 검정 시험을 실시한다면 방법은 이렇다. 전원에게 똑같은 신서본 몇 권을 건네준 다음 30분쯤 시간을 주고 요점에 밑줄을 긋게 한다. 책 읽는 속도가 느린 사람은 한 권도 제대로 끝낼 수 없을 것이다. 반대로 독서력이 있는 사람은 짧은 시간에 정확하게 밑줄을 그어나갈 수 있다. 이는 속독법과는 좀 다르다. 책 한 권을 빨리 읽는 기술이라기보다는 내용을 정확하게 파악하는 효율적인 독서법이라고 할 수 있다.

이런 시험이 있다면 나는 자신이 있다. 나의 독서법이 이런 독서력을 향상시키는 독서법에 가깝기 때문이다. 독서는 한마디로 자전거 타기, 스키 타기, 수영하기와 같은 기술이다. 그래서 제대로 배우고, 훈련하고 연습하면 누구나 잘 탈 수 있다. 하지만 제대로 배우지 않은 상태에서 무턱대고 자전거를 타고 100미터를 간다는 것은 정말 힘들고 어렵고 말도 되지 않는 것이다.

내가 처음 스키를 타러 갔을 때가 기억난다. 겁도 없이 산 정상에 올라갔다가 완전히 기어서 죽을 고생을 하면서 아래까지 내려왔기 때문이다. 하지만 몇 개월 후 스키를 제대로 배운 후에는 산 정상에 올라가서 휘파람을 불면서 신나게 스키를 타고 내려왔다. 그때의 기분은 스키를 잘 타는 사람만이 느낄 수 있는 최고의 기쁨이며 즐거움일 것이다.

독서도 이와 다르지 않다. 독서법을 제대로 배워서 독서력이 뛰어난 사람들은 독서를 통해 엄청난 희열과 즐거움과 기쁨을 얻을 수 있다. 그렇기 때문에 이미 세계적으로 성공한 사람들도 여전히 남들보다 다섯 배나 더 많은 책들을 꾸준히 읽게 되는 것이다.

독서 습관보다 독서력을 먼저 키워야만 하는 이유가 여기에 있다. 독서 습관이 있어서 매일 수십 권의 책을 읽는다 해도 제대로 효과적인 독서를 할 수 있는 독서력이 없는 사람은 구멍이 뚫린 물통에 물을 받는 것과 다를 바 없다. 하지만 독서력이 있는 사람은 매일 수십 권의 책을 읽으면서도 수백 권의 책을 읽은 사람보다 더 빠르게, 더 효과적으로 자신을 성장시키고 발전시켜 나갈 수 있다. 지금 당장은 눈으로 볼 때 그 어떤 차이도 느낄 수 없겠지만, 5년 후 혹은 10년 후에 보면 독서력이 없는 사람은 절대로 독서력이 뛰어난 사람과의 경쟁에서 이길 수 없게 되는 것이다.

한국에는 공신공부의 신들이 많다. 이런 공신들은 모두 공부력이 강한 친구들일 것이다. 그래서 적은 시간 공부를 해도 핵심을 잘 파악하고 시험에 나오는 것을 잘 준비할 수 있는 친구들이다. 반면에 공부력이 약한 이들은 아무리 열심히 공부를 해도 시험만 보면 중하위권을 벗어나지 못한다. 이런 것이 독서에도 그대로 존재하고 있다.

사실상 학교 공부보다 더 중요한 것이 독서라고 나는 생각한다. 학교 공부가 좋은 대학을 가기 위한 수단에 불과하다면, 독서는 평생 해야 하는 것이고, 인생의 모든 성공과 부와 꿈의 성취에 직접적인 영향을 줄 만큼 중요한 것이기 때문이다.

결론은 독서 습관보다 더 중요한 것은 독서력을 먼저 키우는 것이라는 점이다. 독서력의 차이에 따라 어떤 친구는 독서를 하면서 지식만 확장하고, 또 어떤 친구는 지혜까지 확장하고, 또 어떤 친구는 자신의 인생을 만들어간다. 창조력과 상상력까지 키울 수 있는 독서법이 최고의 독서력을 가진 친구들의 독서법일 것이다.

# 한국인들이
독서하지 않는 이유

    왜 한국 사람들처럼 머리가 좋은 사람들이 책을 점점 적게 읽는 것일까? 왜 독서하는 인구가 점점 더 줄어드는 것일까? 그것은 독서하는 방법을 모르기 때문이다. 독서하는 방법을 모르면 독서가 괴로운 일이 된다. 방법을 모르고 하면 독서는 괴롭고 힘들고 어렵고 까다로운 것이 되고, 엄청난 인내와 노력과 의지를 필요로 하는 애물단지가 되어 버린다. 반대로 독서하는 방법을 제대로 알면 독서는 즐겁고 신나고 유익하고 편한 것이 된다. 그렇기 때문에 내게 있어 독서는 가장 큰 휴식이고, 즐거움이고, 신나는 일이다. 독서하는 방법을 제대로 알면 독서를 하지 말라고 누군가가 협박을 한다 해도 몰래 독서를 할 수밖에 없을 것이다.

    친구들이 게임에 열광하는 이유는 재미있고, 중독성이 강하기 때문이다. 하지만 그 이전에 게임하는 방법을 모른다면 아무리 재미있는 게임도 빠져들 수 없을 것이다. 독서도 이와 다르지 않다. 제대로 슬기는 방법을 모른다면 어떻게 즐길 수 있을까? 독서는 그렇게 어려운 기술도 아니고 힘든 기술도 아니다. 다만 처음부터 접근법이 잘못되었기 때문에 한국인들은 엄청난 혼란 속에서 그 기술을 제대로 찾지 못했을 뿐이다.

한국은 조선 시대 500년 동안 선비라는 특권층만이 글자를 읽고 쓸 수 있었다. 그들만이 책을 읽고 독서를 하는 계층이었다. 이때의 독서는 주로 서당에서 천자문을 시작으로 사서삼경을 배우는 것으로 이어졌다. 그러면서 독서하는 방법을 알게 모르게 터득하게 되었던 것이다.

이렇게 주로 한자책을 읽고 공부하다가 한글로 된 많은 책들이 출간된 것은 50년 정도밖에 되지 않는다. 그 사이에 한국인들은 먹고 살기에 여념이 없었다. 모든 공부는 서양식 학교에 맡겨졌다. 그런데 그 학교라는 것도 일제 치하에서 일본이 만들어 놓은 학교 시스템이었고 해방 이후에도 바뀌지 않은 채 지금까지 유지되고 있다. 초등학교, 중학교, 고등학교, 대학교 식으로 해서 6년, 3년, 3년, 4년이라는 시스템은 일본이 만들어 놓은 교육 시스템이다. 우리는 아직도 그것을 그대로 유지하고 있다.

이러한 과도기적 반세기를 보내면서 제대로 된 독서법을 배우거나 스스로 익힌 사람들이 많다고 할 수 없다. 학교에서 배우는 공부 방법은 주입식 교육이며, 이것은 올바른 독서법과 완전하게 상반되는 공부법이다. 학교 교육은 정답이 하나인 가상 세계를 만들어 놓고,

그 정답을 찾고, 암기하고, 기억하는 단순하고 어이없는 공부법을 강조한다. 하지만 독서는 정답이 없는 현실 세계를 그대로 반영한다. 독서는 정답이 없는 이 시대를 살아가면서 정답에 가까운 수많은 해법을 스스로 찾아야 하고, 없으면 만들어야 하고, 막혀 있으면 뚫어야 한다.

학교 공부만 잘하는 사람들은 그래서 세상에 나오면 바보가 된다. 하지만 학교 공부를 조금 못해도 독서를 통해 사고력을 키운 사람들은 학교에서 두각을 나타내지 못하더라도 실제 경기인 세상에 나오면 두각을 나타내지 않을 수 없다. 그 이유는 독서력을 가지고 있지 못한 사람들이 의외로 많기 때문이다. 독서법을 알고 제대로 된 독서를 조금이라도 한 사람이 쉽게 세상에서 승자가 되고, 성공하고, 두각을 나타내고, 꿈을 이룰 수 있는 이유가 바로 여기에 있다.

당신과 당신의 친구들이 독서를 좋아하지 않는 이유는 독서하는 방법을 제대로 배울 수 있는 기회를 박탈당했기 때문이다. 그리고 청소년 시절에 독서하는 방법을 제대로 배우지 못하면, 그것이 평생 갈 수밖에 없다. 그런 점에서 이 책을 통해 제대로 된 독서법을 배우는 것이 독서 습관을 가지는 것보다 백 배 정도는 더 중요하다.

 ## 무작정 많이 읽기보다 제대로 읽어라

　내가 3년 동안 도서관에서 침거하다시피 하면서 많은 양의 책을 읽고 스스로 독서법을 계발하고 발전시켜 나가는 동안 수많은 시행착오와 실패를 겪었다는 사실을 아는 사람은 많지 않을 것이다. 천재인 괴테가 책을 읽는 방법을 배우는 데 80년이 걸렸다고 한 말의 의미를 뼈저리게 느낄 수 있었던 시기가 바로 이 3년 동안의 책 읽기 수련 기간이었다.

　이 기간의 처음 6개월 동안은 나 역시 좌충우돌하면서 독서의 세계에 입문하는 초보 독서가였다. 그런 덕분에 6개월 동안 읽은 수많은 책들에 대해 하나도 기억나지 않는다. 다시 말해 3년 중에서 처음 6개월은 '밑 빠진 독에 물 붓기' 격이었다. 아무리 많은 책을 열심히, 인내하면서, 지독하게 읽어도, 아무것도 생각나지 않았고, 아무것도 배울 수 없었다. 독서법을 제대로 익히거나 배우지 못한 탓에 읽은 만큼 효과가 없을 뿐만 아니라 해로운 결과들이 더 많이 생겼다. 한마디로 그저 많이 읽는 것은 백해무익이라는 사실을 알게 되었다.

독서법은 한마디로 일종의 기술이다. 기술을 알고 거기에 숙달된 사람과 기술을 아예 모르는 사람은 큰 격차가 발생한다. 독서법이라는 일종의 기술에 대해 이미 알고 있을 뿐만 아니라 숙달된 사람들은 읽은 만큼 그것이 자신의 피와 살이 되고, 자신의 의식을 더 크게 할 수 있다. 하지만 독서의 기술을 전혀 알지 못하는 사람들은 많은 시간과 노력과 에너지를 투자하여 수많은 책을 읽는다 해도 그것은 모두 밑 빠진 독에 물을 붓는 것과 같은 상황에 직면하게 된다. 바로 이런 이유에서 독서를 많이 하는 것보다 먼저 독서의 기술을 배우고 익혀서 숙달하는 것이 매우 중요하다는 말이다. 책을 많이 읽는 것보다는 독서한 만큼 얼마나 잘 자기 것으로 소화해서 마음의 양식으로 삼을 수 있고, 의식이 성장하느냐가 훨씬 더 중요하다.

사실상 이 세상에는 책을 많이 읽어서 성공한 사람보다 책을 많이 읽었음에도 성공하지 못한 사람들이 더 많다. 그 이유가 바로 "제대로 책을 읽는 독서법이라는 기술을 익히고 숙달시키지 않은 채 책만 무조건 많이 읽었기 때문"이라고 나는 말하곤 한다. 중요한 것은 얼마나 많은 책을 친구들이 읽었느냐가 아니라 얼마나 많이 책을 통해 의식이 달라지고 생각이 깊어졌느냐 하는 것이다. 책을 많이 읽은 만큼 생각이 깊어지고 커지는 것이 정상이고, 자연스러운 일이다. 그렇기 때문에 한 권을 읽은 친구보다는 열 권을 읽은 친구들이 더 나은 인생을 살아갈 수 있다. 하지만 독서법이라는 기술을 익히지 못한 친구가 열 권을 읽는 것보다는 독서법이라는 기술을 갖춘 친구가 서너 권의 책을 읽는 것이 훨씬 더 인생에 도움이 된다.

　이것은 마치 슈퍼맨이 힘을 갖춘 후에 엄청난 적과 싸워서 이길 수 있는 것과 같다. 힘을 뺏긴 슈퍼맨은 아무리 슈퍼맨이라고 하더라도 일반인과 다를 바 없다. 독서의 기술을 익히는 것은 가장 강력한 힘을 갖추는 것이다.

PART 2

인생에서
가장 소중한 것은
책 속에 있다

책을 통해 나는 인생에 가능성이 있다는 것과
세상에 나처럼 사는 사람이 또 있다는 걸 알았다.
독서는 내게 희망을 줬다. 책은 내게 열려진 문과 같았다.

오프라 윈프리

지금 책을 읽지 않는 것은 인생의 가장 큰 낭비다

 모든 것은 제때가 있다. 그렇기 때문에 놀 때는 잘 놀아야 하고, 공부할 때는 공부를 잘 해야 한다. 누군가를 만나서 우정을 쌓을 때는 깊은 우정을 쌓아야 하고, 운동을 할 때는 몸과 마음이 모두 강해질 수 있는 그런 운동을 해야 한다.

 대학생이 되는 시기는 20대가 가장 보편적일 것이다. 직장을 다니면서 사회인이 되는 경우는 보통 20대 후반에서 30대 초반부터라고 생각할 수 있다. 물론 이것은 어디까지나 평균적인 경우를 말할 뿐이다. 그렇다면 그대들처럼 1323세대는 정확히 인생에서 어떤 시기일까?

 1323은 정확히 말해서 아직 세상에 나온 시기가 아니다. 이 시기는 진짜 세상에 나가서 일을 하고, 전공을 공부하고, 자신을 전문가로 만들기 위한 20대 혹은 30대를 위해서 준비하는 기간 혹은 조금 더 성장하고 발전해야 하는 기간이라고 할 수 있다. 몸도 마음도 더

강해져야 하고, 더 성숙해져야 20대와 30대 때 비로소 사회인이 되고 성인이 된다. 1323세대는 한마디로 성장하고 발전하고 배우고 익히는 기간이라고 할 수 있다. 이때 어떤 책을 읽는가에 따라서 그대들의 인생이 완전하게 달라질 수 있다. 역사책을 많이 본 사람은 아놀드 토인비와 같은 위대한 역사학자가 될 수 있을 것이고, 스티브 잡스의 전기를 많이 본 사람은 위대한 IT 혁명가가 될 수 있을 것이다.

1323세대 때는 가장 효과적으로 많은 것들을 배울 수 있는 시기다. 그런 시기에 책을 읽지 않는다는 것은 가장 많은 것들을 배울 수 있는 기회를 스스로 차버리는 것과 다를 바 없다. 20대 때 책을 읽는 것과 30대 때 책을 읽는 것에는 큰 차이가 발생한다. 1323세대 때 책을 읽는 것만큼 많은 것을 쉽게 받아들일 수 있는 시기는 인생을 살면서 찾아보기 힘들 것이다. 이 시절에 가정 형편과 건강 문제 때문에, 학교를 가지 않고 천 일 동안 독서를 하여 위대한 인생을 만든 사람 중 한 명이 교보문고를 창립한 신용호 선생이다.

'사람은 책을 만들고 책은 사람을 만든다'라는 말을 기업의 모토로 삼고 있는 교보문고와 한국 보험의 역사인 교보생명을 창업한 신용호 회장은 중학교도 다니지 못한 사람이었다. 가정 형편과 개인적인 문제로 인해 중학교 교육을 받지 못한 그는 3년 동안 천 일 독서를 결단하고 실천했다. 그 결과 그는 한국 보험계의 선구자가 될 수 있었던 것이다.

《창업주 DNA서 찾는다》라는 책에는 이런 말이 쓰여 있다.

'사람은 책을 만들고 책은 사람을 만든다'는 말로 대중에게 잘 알려진 교보생명 창업주 대산 신용호 회장은 생전 제도권 교육을 한 번도 받지 않고 보험업계에 뚜렷한 족적을 남긴 '보험의 스승'이다. 국내에 보험의 개념이 뿌리내리기도 전인 1950년대에 세계 어느 나라에도 없는 독창적인 상품인 '교육보험'을 개발해 보급했으며, 광화문 네거리의 금싸라기 땅에 국내 최대의 서점을 세우고 학생들이 배움의 터전으로 삼도록 했다. 그가 이 같은 업적을 이뤄낼 수 있었던 비결은 끊임없는 자기계발과 불굴의 의지였다.

만약에 신용호 선생이 그대들과 같은 1323세대 때 책을 읽지 않았다면 우리가 자주 찾아가는 광화문에서 교보문고를 만날 수는 없었을 것이다.

1323세대 때 책을 읽는 것은 인생을 위한 가장 큰 투자다. 반대로 책을 읽지 않는 것은 인생에 있어서 가장 큰 손해다.

# 책에 미친 1323이
미래 인재가 된다

미래 인재는 어떤 사람일까? 그것은 자신의 분야에서 최고의 전문가가 되어야 할 뿐만 아니라 혁신적인 발상으로 새로운 것들을 끊임없이 창조해낼 수 있고, 문제에 직면해서 항상 해결책을 찾아낼 수 있는 그런 창의성과 유연성이 있는 사람일 것이다. 그렇다면 이런 미래형 인재는 어떻게 될 수 있을까?

한마디로 독서를 통해 그것이 가능하다고 할 수 있다. 친구들은 잘 알지 못하겠지만 세계적인 경영 사상가인 게리 하멜Garry Hamel이라는 교수는 자신의 베스트셀러 저서인 《꿀벌과 게릴라Leading the evolution》를 통해 책을 읽는 사람의 유익함에 대해 다음과 같이 설명한 적이 있다.

책을 읽지 않는 사람은 평생을 똑같은 수준으로 부지런히 꿀벌처럼 일할 수는 있지만, 게릴라처럼 갑자기 출세하거나 사업에 성공하지는 못한다. 평소에 꾸준히 책 읽기를 통해 놀라운 지식과 능력, 그리고 자신감을 얻은 자만이 혁명적인 두각을 나타낼 수 있다. 앞으로는 개선 정도로는 안 된다. 그 누구도 상상하지 못한 혁명적인 발상으로 새로운 일을 시작해야 한다는 것이다. 마치 게릴라처럼……

 앞으로는 더더욱 책을 많이 읽은 친구와 그렇지 못한 친구의 격차가 벌어질 것이다. 앞으로는 훨씬 더 복잡하고 정답이 없는 세상이 될 것이기 때문이다. 정답이 없는 복잡한 세상에서는 혁명적인 해결책을 스스로 만들어낼 수 있는 사람이 최고의 인재로 대우를 받게 된다. 그러한 혁명적인 해결책은 많은 책을 읽은 친구들만이 스스로 찾아낼 수 있고 만들어낼 수 있다.

 미래의 인재는 누군가가 시키는 일만 열심히 하는 사람이 아니라 아무도 생각해내지 못한 행위를 통해 새로운 일들을 창출해 나가는 사람이다. 그런 점에서 창조적이어야 하고 유연한 사고력과 통합력을 가지고 있어야 한다. 그러한 능력은 다양한 분야의 책들을 많이 읽어야 가능하다.

 10대 때 책에 미쳤던 인물들은 대부분 위대한 인물이 될 수밖에 없다. 이 시기에 책에 미치게 되면 남들보다 훨씬 더 빨리 아주 유리한 고지를 점령한 것과 같기 때문이다.

 과거 100년 전만 해도 책을 읽을 줄 아는 사람들은 그렇게 많지 않았다. 가까운 일본이나 우리나라만 해도 책을 읽고 글을 쓸 수 있는 사람들은 특권층이나 왕족들뿐이었다. 그 결과 나라를 이끄는 인재들은 글을 쓸 수 있고, 책을 읽을 수 있는 사람들이 되었고, 그것은 계속 대물림되었다. 무엇보다 과거에는 문맹자들이 명확하게 구별이 되었다. 그리고 대부분의 문맹자들은 인재가 될 수 없었다. 글을 읽고 쓸 수 있다는 것만 해도 그 당시에는 엄청난 힘과 특권 그 자체였기 때문이다.

그런데 이제는 대부분의 국민들이 글을 읽고 쓸 수 있는 시대가 되었다. 조선 시대만 해도 선비들만 글을 읽고 쓸 수 있었지만, 이제는 평준화가 되어 거의 대부분의 사람들이 글을 읽고 쓸 수 있게 되었다. 이렇게 시대가 천지개벽하여 바뀌게 된 것은 불과 50년에서 100년 사이의 일이다.

지금 이 시대에 가장 큰 특징 중에 하나가 문맹자의 기준이 매우 높아졌다는 것이다. 과거에는 문맹자들에 대해 단순히 글자 그대로 해석하여 글을 모르는 사람을 지칭했다. 하지만 지금은 말 그대로의 문맹자들이 문맹자가 아니다. 지금은 수준이 많이 높아졌기 때문에 글을 아는 사람이더라도 책을 읽지 않는 사람은 모두 과거의 문맹자들과 다를 바 없는 그런 시대가 되었다.

현대 경영학의 창시자인 피터 드러커는 이러한 사실에 대해서 누구보다 먼저 인식한 사람이다. 그가 한 말을 보면 잘 알 수 있다.

"책을 읽지 않는다는 것은 무지하다는 점에서 문맹자와 별반 다를 바 없다."

세계적인 미래학자 앨빈 토플러 역시 이와 비슷한 말을 했다.

"21세기 문맹자는 글을 읽을 줄 모르는 사람이 아니라 학습하고, 교정하고, 재학습하는 능력이 없는 사람이다."

미래형 인재가 되기 위해서 책을 읽어야 하는 것이 아니라 미래에 문맹자가 되지 않기 위해서 책은 반드시 읽어야만 하는 것이다.

인간의 **성공**은
독서량에 비례한다

　평생 수천 권의 책도 읽지 못했으면서 다독에 대해서 불필요하다고 말하는 사람이 있다. 이것은 뉴욕에 가본 적이 없고, 한 번도 보지 못한 사람이 '뉴욕은 어떻다'라고 설명하는 것과 같이 이율배반적인 주장이다. 대학교를 다녀본 적도 없는 사람들이 여자는 대학교에 갈 필요가 없다고 말하는 것과 같다. 한 권을 읽어도 제대로 읽어야 한다는 말이 다독이 불필요하다는 말을 의미하는 것은 절대 아니다. 오히려 한 권 한 권이 중요하기 때문에 그것이 많아지면 더더욱 큰 효과가 있다는 것을 의미한다.

　독서를 많이 해본 사람들이 하나같이 독서를 많이 해야만 한다고 강조한다는 사실을 볼 때, 독서량은 매우 중요하다고 나는 생각한다. 중국의 시성인 두보가 왜 '남아수독오거서 男兒須讀五車書'라고 말했을까? 그냥 한두 권의 책을 선택해서 그것만 제대로 읽으면 다독을 할 필요가 없다고 하지 않고 말이다. 다독이 매우 중요하다는 것을 그는 누구보다 잘 알고 있었기 때문이다. 심지어 그는 "만 권의 책을 읽게 되면, 글을 쓰는 것이 신의 경지에 이르게 된다"는 말까지 한 적이 있을 정도로 다독의 위력을 온몸으로 체험한 사람이기도 하다.

> 푸른 산의 학사는 관복 어대 불태우고
> 백마 타고 달려와 바위 아래 사는구나.
> 옛 사람은 겨우내 책 읽기에 몰두했거늘
> 이제 젊은 나이에 만여 권을 읽었구나.
> 채색 구름은 집안 가득 둥근 덮개 씌운 듯
> 가을 물 섬돌에 넘쳐 도랑을 이루누나.
> 부귀는 반드시 근면한 데서 어렵게 얻어야 하고,
> 사내라면 모름지기 다섯 수레의 책을 읽어야 한다.

두보의 〈제백학사모옥題柏學士茅屋〉에 나오는 글귀다. 그는 이미 이 글귀처럼 젊어서 이미 만 권의 책을 읽었다고 나는 생각한다. 그리고 그러한 다독 덕분에 그는 시성이라고 불릴 정도로 걸작을 많이 남길 수 있게 되었던 것이다.

소설가이자 작가인 정을병 선생도 《독서와 이노베이션》이라는 책에서 독서량에 대해 정확한 '돌직구'를 날린 바 있다.

> 인간의 성공은 독서량에 정비례한다.

책을 많이 읽은 사람은 그만큼 위대하게 되는 것이다.

우리나라에는 위대한 사람이 많이 나지 않는다.

그것은 위대한 사람이 될 만큼의 독서량이 없기 때문이다.

이 말처럼 성공은 정확히 독서량에 비례한다. 독서량이 적은 사람은 절대로 큰 인물이 될 수 없고, 큰 인생을 살아낼 수 없다. 독서량은 자동차로 치자면 연료와 같은 것이다. 아무리 좋은 자동차라도 연료가 없으면 단 1미터도 움직일 수 없다. 아무리 좋은 차라도 연료가 부족하면 서울에서 대전도 갈 수 없다. 하지만 연료가 무한정으로 많은 차는 전국을 다 돌아다닐 수 있다.

# 인생의 모든 길이
책 속에 담겨 있다

　내가 책을 읽고 나서 가장 큰 도움을 받은 부분은 인생에는 무수히 많은 길이 존재할 수 있고 실제로 존재하고 있다는 것에 대한 통찰이다. 책을 많이 읽기 전에는 인생은 뭐, 별 것 없는 것인 줄 알았다. 그리고 인생에 이렇게 많은 길이 있을 수 있다는 사실에 대해서 전혀 상상도 하지 못했다. 하지만 책을 읽은 후에는 인생에 68억이라는 인구수만큼이나 다양한 인생길이 존재할 수 있다는 것을 알게 되었다.

　그때의 충격은 상상을 초월할 정도였다. 그리고 그것보다 더 충격적인 일은 인생의 수많은 길이 책 속에 다 담겨 있다는 사실이었다. 책을 많이 읽게 되면 여러 인생을 살게 되는 것이 바로 이것 때문이다. 우리는 직접 살아보지 못하는 많은 인생길들을 책을 통해 간접 체험하게 된다.

1323세대 때 책을 많이 읽어야 하는 이유도 바로 이 때문이다. 다양한 인생길을 미리 간접 경험해 봄으로써 자신의 인생길을 누구보다 잘 설계하고 만들어 나갈 수 있다. 책을 많이 읽은 친구들은 주위 사람들과 다른 수많은 인생길이 있다는 사실을 알고 있기 때문에 더 크고 더 넓게 인생 계획을 세우고, 더 큰 꿈과 목표를 가질 수 있게 된다.

하지만 책을 읽지 않은 친구들은 인생길에 어떤 것들이 있는지 상상도 하지 못하기 때문에 주위 사람들의 인생길에 의지할 수밖에 없고, 그러한 행동은 결과적으로 남과 다른 위대한 인생을 살아나갈 수 있는 주체성을 잃어버리게 한다.

이것보다 더 중요한 사실이 있다. 자신도 몰랐던, 자신이 가장 원했던 인생길을 책을 통해서 새롭게 발견해낼 수 있다는 사실이다. 1323세대들은 아직 자신이 어떤 사람이 되고 싶은지 잘 알지 못한다. 그리고 그것은 자연스러운 현상이다. 이 시기에는 모든 직업에 대해 알 수 없고, 모든 인생길에 대해 생각할 수조차 없을 정도로 미성숙하다.

그런데 독서를 통해 다양한 직업의 세계를 알게 되고, 다양한 인생길이 셀 수 없을 정도로 많다는 것을 알게 되면 그때부터 자신의 생각의 좁은 회로 안에서 조금씩 벗어날 수 있게 된다.

책을 통해 다양한 인생길에 대한 아이디어를 접하게 되고, 다양한 인생을 간접 경험하게 되면 좀 더 넓은 세계를 인식할 수 있게 되고, 자기 자신에게 가장 좋은 인생길을 선택할 수 있게 된다. 이것은 '아는 것이 힘이다'라는 말에 가장 잘 적용이 되는 경우다. 어떤 인생길이 있는지를 아는 것과 모르는 것은 나중에 어떤 인생을 살아낼 수 있는지에 대해 큰 영향을 미칠 수 있다.

# 책을 읽는 사람만이
자신을 발견할 수 있다

나는 불혹不惑이 되기 전까지 나 자신을 제대로 알지 못했다. 남들이 살았던 인생길을 그대로 답습하며 타인의 삶을 살아왔기 때문이다. 10대 때는 대학에 입학하기 위해 부모님과 선생님이 시키는 대로 공부를 열심히 했고, 20대 때는 전공 공부를 열심히 하여 좋은 회사에 취직하기 위해 최선을 다했다. 그러다가 군대도 갔다 왔다. 30대 때는 직장에서 열심히 일을 하면서 살아갔다. 남들처럼 결혼도 하고, 자녀도 낳고 그렇게 평범한 삶을 살았다. 그리고 그러한 길이 인생의 전부라고 생각했다. 남들이 어느 정도 부러워하는 좋은 직장에서 열심히 일했던 덕분에 팀장이 될 수 있었고, 남부럽지 않은 삶을 살게 되었다.

하지만 한 가지 문제가 생겼다. 나 자신을 잃어버렸다는 것이다. 마치 로봇처럼, 혹은 아바타처럼 타인이 원했던 삶을 그저 맹목적으로 열심히 살아가고 있는 나 자신과 마주쳐야 했던 것이다.

　나는 누구이며, 무엇을 하면서, 무엇을 위해서 살아가야 하는 것인지에 대해서 그 어떤 해답도 발견할 수가 없었다. 직장인이라는 것이 해답이 되지는 않았다. 직장인은 너무나 큰 범주의 단어이기 때문에 그것이 나의 정체성을 지칭하는 말은 되지 못했다. 아무리 열심히 일을 한다고 해도 나를 발견할 수 있을 것이라는 희망이 보이지 않았다. 일을 한다는 것은 결국 점점 더 나 자신과 멀어져 가는 것과 같다는 느낌이 들 뿐이었다.

　결국 회사를 그만두고 부산에 내려가 도서관에 매일 출근해 책을 읽기 시작했다. 한 권 한 권 읽은 책의 수가 많아질수록 내가 누구인지 더 많이 발견할 수 있었다. 3년 동안 9천 권의 책을 읽은 후에 나는 나 자신을 확실하게 발견할 수 있었다.

　나는 '작가'였고, '학자'였다. 작가가 된 것은 글을 쓰지 않으면 도저히 견딜 수 없는 갈망이 내 안에 존재하고 있었다는 것을 발견하고 나서다. 내 안에 그런 갈망이 있었다는 것을 나는 그때 처음으로 알게 되었다. 학자라는 말은 평생 공부하는 사람이 나의 본모습이라는 것을 깨달았기 때문이다. 그 어떤 화려한 장소보다도 조용한 도서관이 나에게는 가장 화려하고, 가장 멋진 장소이기 때문이다. 도서관에서 조용히 책을 읽고 공부할 때 나는 가장 행복하고 즐겁고 신이 난다. 이런 사람이 학생이 아니면 무엇일까? 이런 사람이 동시에 공부하는 학자가 아니면 무엇일까?

　나는 책을 읽고 나서 숨겨진 내 본능을 알게 되었고, 지금은 그 본능을 충실하게 따르고 있다. 나는 책을 읽고 나서 내가 무엇을 가장 하고 싶어 하는지 알게 되었다. 그리고 나는 바로 그것을 지금 하면서 살아가고 있다. 이것만은 친구들이 명심해 주었으면 좋겠다. 책을 읽지 않으면 자기 자신을 발견할 수 없다.

책을 읽는다는 것은
인생을 창조한다는 것이다

    책을 읽는다는 것은 자신의 미래를 만든다는 것과 같은 의미다. 책을 읽는다는 것은 자신의 인생을 남과 다르게 창조해 나간다는 것과 같은 뜻이다. 10대에는 자신의 의식을 키우고 넓히고 강하게 단련시키기 위해 다양한 책들을 읽어야 한다. 책을 읽는다는 것은 자신이 앞으로 살아나갈 인생을 상상 속에서 미리 살아보는 것과 같다. 책을 많이 읽는 친구들은 다양한 인생을 미리 살아보는 상상을 해보는 것이다. 그래서 책을 많이 읽는 친구들은 대통령이 되어 보기도 하고, 장군이 되어 보기도 하고, 작가가 되어 보기도 하고, 마법사가 되어 보기도 하고, 교사가 되어 보기도 하고, 변호사나 의사가 되어 보기도 한다.

    그렇게 다양한 인생을 이미 살아본 친구들이기에 그들은 책을 읽지 않은 친구들보다 훨씬 더 나은 인생을 선택하고 창조해 나갈 수 있게 된다. 책을 많이 읽은 친구들은 달라도 뭔가 다르다. 그리고 그 덕분에 그 친구들은 어디에 가도 꼭 필요한 인생을 살아낼 수 있다.

얼마나 많은 사람들이 책을 읽은 덕분에 자신의 인생을 새롭게 창조해 나갔는지 친구들은 상상도 할 수 없을 것이다. 친구들이 상상을 할 수 있든 없든 중요한 것은 무수히 많은 이들이 책을 읽은 덕분에 자신의 인생을 새롭게 창조해 나갈 수 있는 힘을 얻었다는 것이다.

책을 읽지 않는 친구들은 다른 사람들이 이미 만들어 놓은 인생을 그대로 따라가야 하는 추종자밖에 될 수 없다. 하지만 책을 읽은 친구들은 다른 사람들이 이미 만들어 놓은 인생과 전혀 다른 새로운 인생을 만들어 가는 창조자가 될 수 있다. 그래서 '리더leader들은 모두 독서가들reader'인 것이다. 책을 읽은 친구들은 책을 읽지 않는 친구들보다 먼저 앞서 나갈 수 있다. 그리고 그것은 오롯이 책의 힘에 의해서 가능한 일이다.

책을 통해 다양한 인생을 경험하고 수많은 인생길을 알고 있는 친구들에게 또 다른 인생길을 창조해 나가는 것은 결코 어렵거나 힘들거나 불가능한 것이 아니다. 책을 읽었기 때문에 이미 다양한 경험을 간접적으로 할 수 있게 된 것이다.

그러한 경험과 사유의 확장은 새로운 인생을 창조할 수 있는 사고력을 제공해준다. 한마디로 책을 읽은 덕분에 이러한 일이 가능한 것이다. 반대로 책을 통해 다른 인생길에 대한 아이디어를 한 번도 접해보지 못한 이들은 절대로 새로운 인생을 창조해 나갈 수 없다. 자신의 좁은 사고의 틀 속에서 스스로 벗어날 수 있는 사람은 흔치 않기 때문이다. 나 역시 40대 전까지는 좁은 사고의 틀 속에서 벗어날 수 없었다. 책을 읽지 않았기 때문이다. 하지만 책을 읽게 되자 거기에서 벗어날 수 있게 되었고, 그 결과 전에는 한 번도 생각할 수 없었던 작가라는 인생길을 창조할 수 있었다.

위대한 사람들은
모두 독서광이었다

위대한 사람들을 생각해보자. 그들은 하나같이 엄청난, 지독한 독서광이라는 공통점이 있다. 이 사실에 대해서 부인할 수 있는 사람은 아마 없을 것이다. 많은 위인들이 독서를 하지 않았다면 평범하게 살아갔을지도 모른다는 사실을 생각할 때마다 나는 아찔하다. 역사에 한 획을 남긴 이들이 독서를 통해 위대한 인물로 스스로를 창조해 나갔다는 사실은 놀라운 일 중에 하나다.

인류에게 엄청난 발명품을 선사한 위대한 발명왕 에디슨이 만약에 독서광이 되지 않았다면 그는 아마도 우리가 알고 있는 위대한 발명왕이 될 수 없었을지도 모른다. 세계 최고의 갑부이자 투자가인 워런 버핏이 엄청난 독서광이 아니었다면 그는 평범한 이웃집 아저씨였을지도 모른다. 20세기 중화인민공화국 최고의 영웅으로 손꼽히는 마오쩌둥이 6개월 동안 도서관에서 살다시피 할 정도로 엄청난 독서광이 아니었다면 그는 10억 중국을 이끄는 위대한 영웅이 되지 못했을지도 모른다. 율리우스 카이사르 이후 가장 위대한 세계사적 인물 중에 한 명인 나폴레옹이 유년시절부터 책방의 책을 온통 다 삼켜버릴 듯이 읽지 않았다면 "내 사전에 불가능은 없다"라는 말을 하면서 유럽을 정복한 정복자가 될 수 있었을까? 나는 그가 엄청난 독서광이었기 때문에 작은 체구라는 신체적 특징을 극복하고 위대한 영웅이 될 수 있었다고 생각한다.

혹시 친구들 중에 자신의 용모에 불만이 많은 친구들이 있다면 책을 많이 읽는 것이 좋을 것 같다. 나폴레옹의 어린 시절은 그 어떤 친구들보다 훨씬 더 못했다. 매우 작은 키에 볼품없는 얼굴, 촌뜨기라는 사실을 숨길 수 없는 세련되지 못한 옷차림과 태도는 그로 하여금 왕따가 되게 했다. 하지만 그는 이 모든 상황을 오로지 엄청난 독서를 통해 극복했고, 결국 위대한 영웅이 되었다.

9살 때부터 외톨이였던 나폴레옹은 항상 책을 손에서 놓지 않았고 책 읽기에 무섭게 몰입했다. 결과적으로 그는 어렸을 때부터 엄청난 독서를 하게 되었다. 외톨이가 될 수밖에 없었던 그의 조건과 환경이 그로 하여금 책만 읽게 도와준 것인지도 모른다. 어쨌든 나폴레옹의 엄청난 독서는 그로 하여금 넓은 유럽 대륙을 정복할 수 있도록 해주었다.

나폴레옹은 4주 동안 이집트 원정을 떠날 때에도 1,000여 권이나 되는 엄청난 책들을 가지고 다녔다. 그는 전속 사서와 별동대를 따로 두어 신간 서적을 전쟁터까지 가져갈 정도로 독서광이었다.

그가 얼마나 위대한 독서광이었는지를 잘 알 수 있는 책 중에 하나가 《세계를 움직인 12인의 천재들》이다. 그 책에 소개된 나폴레옹의 책에 대한 열정과 자세에 대해서 살펴보자.

> 나폴레옹은 유년 시절부터 책방의 책을 온통 다 삼켜버릴 듯이 책을 읽었다고 한다. 그것도 군인에게 필요한 전문적인 전술 서적이나 포술 서적뿐만이 아니고 역사, 지리, 수학, 법률, 문학 등 각계 각 분야에 걸친 책을 읽었던 것이다. (……) 법률 분야에서는 근신 명령을 받았을 때 하루 만에 6세기에 저술된 유럽 각국의 법률 원전이라고 하는 대저 유스티니아누스Justinianus의 〈법전로마법 대전〉을 독파했다고 한다. 후에 새로운 헌법과 민법을 기초할 때 쭉 늘어서 있던 법률학자들에게 지지 않을 정도의 법률 지식을 피력할 수가 있었던 것도 그와 같은 독서 덕분이었다.
>
> 이렇듯 나폴레옹은 유년 시대부터 생애 마지막에 도달할 때까지 탐욕스러운 독서가였다. 특히, 독서에 열중한 것은 파리의 육군사관학교를 졸업하고 군대에 복무하기 시작한 16세 때부터 수년 동안의 일이었다. 이 시기에 집중적으로 독서하는 습관을 몸에 익히게 되면 평생을 두고 책과 떨어질 수 없는 모양이다.

위인들을 만든 것은 타고난 재능이나 지능이 아니라, 엄청난 독서다. 이러한 사실을 위대한 사람들은 자신의 인생을 통해 확실하게 보여주고 있다. 그들의 인생에 대한 책들을 읽어보면 그 사실에 대해서술해 놓은 부분을 쉽게 발견할 수 있다. 그들의 인생이 위대할 수 있었던 가장 큰 이유가 바로 독서에 있기 때문에 그들에 대한 이야기에서 그 사실을 빼놓을 수 없었던 것이다.

 ## 책을 읽지 않으면 평생 우물 안 개구리로 남는다

"독서하다 보면, 나는 내가 장애인이라는 것을 정말 느끼지 못합니다. 내 영혼이 훨훨 하늘을 날아오르는 것 같은, 영혼이 하늘로 솟아오르는 것 같은 희열을 느낍니다."

삼중고의 아픔과 장애를 극복해낸 위대한 여성 헬렌 켈러 여사의 이 말을 명심해야 할 필요가 있을 것 같다. 헬렌 켈러 여사는 독서를 통해 현실의 모든 상처와 아픔과 장애를 극복해낸 위대한 여성이기 때문이다. 독서를 통해 신체적 장애를 초월하여, 자신의 영혼이 하늘을 훨훨 날아오르는 것과 같은 희열을 느낀 그녀는 누구보다 독서의 중요성을 잘 알게 되었다. 이런 그녀가 평생 독서를 하면서 살았던 사람으로 기억되는 것은 당연한 일이다.

1323세대들이 책을 읽어야 하는 이유 중에 하나를 헬렌 켈러 여사의 삶을 통해 발견할 수 있다. 헬렌 켈러 여사가 책을 읽지 않았다면 듣지도, 보지도, 말하지도 못하는 삼중고의 장애라는 최악의 조건을 극복하지 못했을지도 모르기 때문이다. 책은 이처럼 자신이 갇혀 버린 우물 안에서 벗어날 수 있게 해준다. 그 우물은 가난이 될 수도 있고, 장애가 될 수도 있고, 환경이 될 수도 있고, 부족한 재능이나 지능이 될 수도 있다. 하지만 이런 것들이 어떤 것이더라도 책은 상관하지 않는다. 책을 읽게 되면 이 모든 것들을 다 넘어설 수 있게 되고, 초월할 수 있게 된다.

수많은 위인들의 전기를 읽은 친구들은 이 세상이 얼마나 넓고, 얼마나 많은 위인들이 자신의 불리한 환경을 극복하고 위대한 삶을 일구어 나갔는지를 알게 되고, 그것을 통해 자신의 삶을 위대하게 창조해 나갈 수 있는 힘을 얻게 된다. 하지만 책을 읽지 않는 친구들은 이 세상이 얼마나 넓고 얼마나 많은 위인들이 있는지도, 그들이 어떻게 우물 안에서 벗어나고, 장애물을 극복하고, 위대한 인생을 창조해 나갔는지에 대해서도 알지 못한다. 알지 못하기 때문에 자신도 그렇게 할 수 없을 뿐만 아니라 스스로 개척해 나가지도 못한다.

자신의 가정환경이 나쁘다고 불평하는 친구가 있다면, 칭기즈칸의 전기를 읽어라. 자신의 불평이 아무 이유도 근거도 없는 것임을 깨닫게 될 것이다. 칭기즈칸은 아홉 살 때 아버지를 잃었고, 마을에서 쫓겨나야 했으며, 그것도 부족해서 살아남기 위해 쥐를 잡아먹으며 연명해야 했다.

직업이 없다고 불평하는 친구는 칭기즈칸의 전기를 통해서 자신이 얼마나 우물 안 개구리인지를 깨닫게 될 것이다. 그는 항상 목숨의 위협을 느껴야 했고, 실제로 목숨을 걸어야 하는 전장이 자신의 일터였다. 하지만 그는 인류 역사상 가장 넓은 대륙을 정복한 위대한 정복자가 되었다.

배운 것이 없다고 불평하는 친구가 있다면 또한 그의 전기를 통해 배우는 것보다 더 중요한 것은 평생 살면서 책과 사람을 통해서 배우고자 하는 자세라는 것을 깨닫게 될 것이다.

책을 읽지 않으면 평생 자신만의 작은 세계에 갇혀서 더 이상의 발전이나 성장이 없는 상태로 살아가게 된다. 이것보다 더 무시무시한 이야기가 또 어디 있을까? 책을 읽지 않는 친구들은 다람쥐가 평생 쳇바퀴만 돌면서 살아가는 것과 같이 자신의 좁은 우물 안에서만 평생 살아간다. 아무리 열심히 공부하고 일해도 어제와 별반 다를 바 없는 인생을 살아가는 수많은 사람들의 가장 큰 이유가 1323세대 때 책을 읽지 않았기 때문이고, 지금도 읽지 않고 있기 때문이라고 나는 생각한다.

 책을 읽으면
더 큰 세상을 만날 수 있다

어떤 일로 인해 부끄러워서 살기 힘들다고 불평하는 친구가 있다면 위대한 역사서를 쓴 중국의 역사가 사마천의 전기를 통해 자신의 태도를 정말로 부끄러워해야 한다. 사마천은 죽음보다 더 치욕스러운 궁형_{죄인의 생식기를 거세하는 최악의 형벌}을 당했음에도, 위대한 역사서인 《사기》를 집필했다.

살다 보면 얼마나 많은 일들을 당하게 되고, 겪게 되는지 모른다. 하지만 요즘 친구들은 어떤 일에 쉽게 좌절하고 극단의 선택을 하게 되어 주위를 안타깝게 만들기도 한다. 하지만 이런 친구들이 사마천의 전기를 읽었다면 극단적인 선택을 하지 않았을 것이다. 사마천이 살던 시대에 선비들은 생식기를 제거하는 궁형을 당하는 것을 죽음보다 더 불명예스럽고 치욕스러운 것으로 여겼기 때문에 대부분 죽음을 선택했다. 하지만 사마천은 죽음을 선택하지 않고 엄청난 치욕을 안고 살아갔다. 그가 왜 그랬을까? 그것은 자신의 죽음이 스스로를 기리기 털보다 가벼운 것으로 만드는 어리석은 선택이라는 것을 잘 알고 있었기 때문이다. 그는 자신의 목숨을 버리는 일은 아홉 마리의 소가 갖고 있는 털 중에서 하나를 뽑는 것처럼 그 어떤 의미도, 가치도 없는 일이라고 말한 적이 있다.

지금 당장은 힘들고 고통스럽고 치욕스럽더라도 살아남는 쪽을 선택한 사마천은 인류 역사에 아주 중요한 역사서인 《사기》를 집필한 위대한 역사가로 자신을 만들었다. 만약에 그가 눈앞의 치욕과 고통 때문에 극단적인 선택을 했다면 우리는 사마천이라는 사람에 대해 알지 못했을 것이고, 위대한 역사서인 《사기》를 읽지 못했을 것이다.

사마천의 선택이 얼마나 훌륭한 선택이었는지 지금 이 시대를 살고 있는 사람들은 무척이나 잘 알고 있다. 사마천은 지금 당장의 수치와 고통이 아무리 크다고 해도 살아남아야 하는 이유를 다음과 같이 설명한 적이 있다.

"내가 사형을 당한다면 구우일모九牛一毛의 죽음밖에는 안 될 것이니, 하찮은 개미나 땅강아지의 죽음과 무엇이 다르겠는가. 사람은 한 번은 죽게 되어 있지만 어떤 사람은 태산보다도 소중한 가치를 지니고, 어떤 사람의 죽음은 기러기 털보다도 가벼운 죽음이 된다. 이것은 결국 내가 어떻게 내 목숨을 사용하느냐의 차이에 달렸다."

책을 읽지 않은 친구들은 태산보다 더 무거운 죽음이 있다는 것과 깃털보다 더 가벼운 죽음이 있다는 큰 세상을 만날 수 없다. 바로 이런 이유에서 친구들이 책을 많이 읽을수록 더 큰 세상을 만날 수 있는 것이다. 알코올 중독자로, 노숙자로 살아가던 많은 사람들이 책을 읽게 되면서 인생이 바뀌어 작가가 되고, 사업가가 되고, 교수가 되고, 의사와 변호사가 되는 일이 적지 않다. 노숙자들에게 책이 아니라 빵과 우유를 주고, 돈다발을 던져주었다면 그들은 절대로 인생을 바꾸지 못했을 것이다. 오직 책만이 그들의 인생을 완전하게 뒤바꿀 수 있는 위력을 가지고 있다.

미국의 작가 얼 쇼리스는 치열한 경쟁에서 밀려나 노숙자가 되고, 빈민가에 살게 된 마약 중독자들과 빈민들에게 책을 읽을 수 있는 기회를 제공해주었다. 바로 인문학 강의를 통해 책을 읽게 했던 것이다. 이것이 바로 기적을 만든 '클레멘트 코스'다.

이 강의를 듣고 책을 읽게 된 노숙자와 빈민가의 마약 중독자들은 세상 사람들이 아무도 기대하지 않았던 새로운 인생을 만들어 나갔다. 빵과 우유를 주고, 지원금을 주어도 그들의 인생이 변하지 않았지만, 책을 읽을 수 있게 인문학을 가르치고, 책과 친해지게 해주자 그들의 인생은 놀랍게 바뀌었다. 노숙자들이 자신의 인생을 스스로 개척해 나갔던 것이다.

이들은 빵과 우유를 통해서 배울 수 없었던 더 큰 세상에 대한 배움을 인문학 강의를 통해, 책을 통해 배울 수 있게 되었던 것이다. 그렇게 자신을 넘어서서 더 큰 세상이 있다는 것을 인식하게 될 때, 비로소 그들은 진정한 의미에서 성숙한 시민이 될 수 있었고, 자기 자신이 한 공동체의 일원이라는 사실을 깨닫게 되었던 것이다.

클레멘트 코스를 처음 시작한 얼 쇼리스는 자신의 저서 《희망의 인문학》을 통해서 클레멘트 코스가 기적을 만들었다고 말한다.

클레멘트 코스의 예비 수강생들에게 강연할 때면, 나는 이렇게 말하곤 한다.
"나는 여러분을 록펠러처럼 부자로 만들어드리겠습니다. 아니 어쩌면 여러분은 록펠러보다 더 큰 부자가 될 수도 있습니다. 왜냐하면 록펠러 집안 사람들이라 해서 모두 다 인문학을 공부하는 것은 아닐 테니까요. 앞으로 인문학을 공부하면, 여러분은 부를 누릴 수 있게 될 것이며, 여러분은 충분히 그럴 만한 자격이 있습니다."
나를 포함해 수업을 담당하는 교수나 코스 책임자들 그 어느 누구도 수강생들에게 인문학이 그들을 정치적 주체로 설 수 있게 해준다는 말을 하진 않는다. 여기서 '정치적 주체로 선다'는 것은 진정한 의미에서 시민이 된다는 뜻이다.

노숙자나 알코올과 마약 중독자들이 다시 사회에 나가서 정치적 주체로 설 수 있도록 해줄 수 있는 것은 오직 책뿐이다. 책 속에 길이 있고, 힘이 있고, 통찰력과 인식이 담겨 있기 때문이다. 바로 이런 이유에서 수천 권의 책을 읽게 되면 달라지는 것은 지식이나 능력이나 외모가 아니라 사람의 내면이며 의식인 것이다. 그리고 그러한 의식의 변화는 인생의 변화로 이어지게 되고, 좀 더 큰 세상을 스스로 만들어 나갈 수 있도록 해주기에 부족함이 없다.

친구들이 꼭 명심했으면 좋겠다. 책을 읽으면 더 큰 세상을 만날 수 있게 된다는 사실을 말이다. 바로 이런 이유 때문에 독서를 하는 친구들과 독서를 전혀 하지 않는 친구들은 시간이 지날수록 만나는 사람이 달라지고 하는 일이 달라지고 생각하는 것이 달라지고 접하는 세상이 달라질 수밖에 없게 되는 것이다.

# 성을 쌓고 사는 자는 반드시 **망한다**

친구들이 살아가야 할 21세기는 20세기와는 상당히 다르다. 20세기가 지식 정보화의 시대라고 한다면 21세기는 감성과 창조의 시대라고 말할 수 있을 것이다. 이런 시대에 가장 필요한 것은 누군가가 이미 만들어 놓은 기존의 지식이나 정보를 많이 수집하고 자기 것으로 삼아서 전문가specialist가 되거나 프로professionalist가 되는 것이 절대 아니다. 오히려 이런 사람은 21세기가 가장 싫어하는 인재의 모습이다.

21세기는 자기 분야만 정확하게 잘 아는 그런 전문가가 아니라 경계를 종횡무진 넘나들고 모든 지식과 정보의 바다 위에서 자유롭게 수영하면서 새로운 가치와 의미와 상품들을 끊임없이 창조해낼 수 있는 그런 창조적 인재를 원한다. 다방면에 걸쳐서 두루 섭렵할 수 있는 그런 다재다능한 인재들을 버서타일리스트versatilist 혹은 제너럴리스트generalist라고 할 수 있을 것이다. 자기 분야뿐만 아니라 다른 다양한 분야까지 전문가 뺨치는 정도의 수준을 가지고 있으며 다양한 것들을 통합하고 엮어서 새로운 가치와 상품을 만들어낼 수 있는 그런 창조자적 능력을 가지고 있는 사람들이다.

친구들은 과거에 칭기즈칸이 한 말을 명심해야 한다. 돌궐족의 명장 톤유쿠크의 비문 중에서도 이 말을 찾을 볼 수 있다고 한다. 그만큼 유명한 말이 되었다.

> 성을 쌓고 사는 자는 반드시 망하고 끊임없이 이동하는 자만이 살아남을 것이다.

과거에 칭기즈칸이 위대한 정복자가 되어 대제국을 건설할 수 있었던 것은 스스로 성을 쌓고 안주하는 삶을 살지 않고 끊임없이 이동하며 자신의 세계를 넓혀갔기 때문이다. 친구들이 독서를 해야 하는 이유 역시 바로 눈에 보이지 않는 자기 자신만의 세계에서 성을 쌓고 안주하지 않기 위해서다.

독서를 통해 친구들은 자기만의 세계를 끊임없이 확장시켜 나가면서 넓혀가야 한다. 그렇게 계속하는 친구들이 전문가가 아니라 버서타일리스트나 제너럴리스트가 될 수 있는 것이다. 이것이 바로 미래가 간절히 원하는 인재의 모습이다.

컴퓨터를 잘 고치고 만들 수 있는 시인, 철학을 잘 아는 경제학자, 사회 문화를 잘 알고 있는 공대 교수, 동양 고전을 잘 알고 있는 뇌과학자, 로봇을 잘 만들 수 있는 소설가, 시나 소설을 잘 쓸 수 있는 통계학자, 글쓰기를 잘하는 회계학자, 서양 철학을 잘 알고 있는 동양 고전 학자, 동양을 잘 알고 있는 서양 철학자, 첨단 과학을 잘 알고 있는 시인…….

바로 이러한 인재들이 미래가 원하는 창조적 인재들이다. 그리고 이러한 인재들이 되기 위해서는 다양한 분야의 책들을 폭넓게 읽어야만 한다.

책이 아니고서는 절대로 다양한 경험을 할 수 없다. 인생은 길어야 120년을 넘지 못하기 때문이다. 그리고 책을 통해 눈에 보이지는 않지만 자신의 세계를, 자신이 세워놓은 성을 무너뜨리고 넓혀가는 친구들은 천 배 만 배의 이익을 보게 된다. 눈에 보이는 것보다 오히려 눈에 보이지 않는 것이 훨씬 더 중요하기 때문이다.

눈에 보이는 영토는 시대가 바뀌고 상황이 바뀌면 빼앗길 수도 있고, 바닷속으로 침몰할 수도 있다. 하지만 눈에 보이지 않는 정신과 의식의 세계는 한번 확장시켜 놓으면 아무도 빼앗을 수 없고, 사라지지도 않는다.

중국 당대의 시문을 모아놓은 《고문진보》라는 책에 나오는 말 중에 하나인 "책을 읽으면 만 배의 이익이 있다"라는 말이 거짓말이 아닌 이유가 여기에 있다. 책을 읽는 친구들은 그렇지 않는 친구들이 하기 힘든 것들을 할 수 있다.

대표적인 것이 기존의 사회가 만들어 놓은 틀 속에서 벗어나는 일들, 새로운 가치와 의미와 일을 만들어내는 일들, 남들과 비교하지 않고 자기 자신만의 삶을 만들어 나가는 일들, 모든 사람들이 진리라고 하는 일에 대해서 의심하고 질문하는 일들이다. 이러한 일들은 책을 많이 읽지 않은 친구들은 절대로 할 수 없다.

이러한 일들이 눈에 보이지 않는 마음의 성을 무너뜨리고 더 넓은 세계로 진출하는 방법인 것이다.

PART 3

눈부신 인생은
'독신讀神'에서
비롯된다

공부의 신이 되는 것보다 독서의 신이 되는 것이 내가 생각할 때 더 위대하고, 더 나은 길이다. 공부의 신은 누군가가 만들어 놓은 해답을 이해하고 기억만 잘하면 된다. 하지만 독서의 신은 아무도 알지 못하는 문제를 스스로 만들어내고, 아무도 해결하지 못하는 문제를 해결하고, 정답이 없는 이 시대에 정답을 만들어낸다. 이런 인재들이 바로 미래형 인재다. 21세기에 눈부신 인생을 살아가는 사람들은 모두 공부의 신이 아니라 독서의 신이다.

1323에 **읽은 책**이
네 **인생**을 결정한다

"초등학교 시절에 읽은 책이 그 사람의 인생을 결정한다."

미국의 교육과학연구소가 2002년에 발표한 보고서에 따르면, 미국 사회를 이끌었던 위대한 지도자들은 초등학교 시절에 많은 책을 읽었다는 공통점이 있다고 한다. 반대로 초등학교 시절에 거의 책을 읽지 않았던 사람들 중에 위인이 된 사람은 찾아보기 힘들다고 한다. 오히려 범법자들 대부분이 초등학교 시절에 책을 읽지 않았다고 한다. 한마디로 1323세대 때 읽은 책이 친구들의 인생을 결정짓는다는 것이다.

친구들에게 꼭 해주고 싶은 말이 있다. 1323세대 때 공부한 만큼 인생을 살 수 있는 것이 아니라 책을 읽은 만큼 큰 인생을 살 수 있다는 말이다. 나의 지인들을 봤을 때 공부를 아무리 잘한다 해도 성인이 되어서 별 볼 일 없이 살아가는 사람들이 적지 않다. 공부만 잘

했기 때문에 어른이 되어서 별로 재미없는 인생을 살아가야 하는 사람들이 많다. 오히려 학창시절에는 공부를 그렇게 잘하지 못했지만 다양한 책을 읽은 친구들이 성인이 되어서 주위 사람들을 놀라게 하는 것을 볼 수 있다.

내 친구들을 살펴보아도, 직장에서 끝까지 살아남고, 자신의 분야에서 최고가 되고, 남들이 상상도 하지 못한 것들을 스스로 만들고 해내는 그런 혁신가적인 창조자가 되는 사람들은 10대 때 엄청난 독서를 한 친구들이라는 사실을 분명하게 알 수 있다.

제2차 세계대전에서 패전한 일본이 선진국으로 도약할 수 있었던 것은 책 읽는 국민을 만들 수 있었기 때문이라고 나는 생각한다. 온 국민이 책 읽는 운동을 일본에서 하고 있을 때 한국은 잘 먹고 잘 살기 운동인 새마을 운동을 했다. 물론 한국 역시 경제 성장을 이루었지만 일본과는 경쟁이 되지 않을 정도다. 일본은 엄청난 선진국이 되었고, 강대국이 되었다. 한 나라도 이처럼 국민들이 책을 읽은 만큼 발전하게 된다. 하물며 한 개인의 인생은 어떠할까? 말을 안 해도 명백한 사실은 누구나 책을 읽은 만큼의 인생을 살게 된다는 사실이다.

일본은 이미 오래전인 메이지 유신 때[1867~1912] '독서국민'이 탄생했다. 그리고 그 결과 강대국 일본이 탄생하게 되었던 것이라고 나는 생각한다. 독서국민이란 신문이나 잡지, 소설 등 활자 미디어를 일상적으로 읽는 습관이 몸에 밴 국민을 말한다. 이 말은 《독서국민의 탄생》이란 책에 나오는 말이다. 일본은 한국이 문호를 굳게 닫고 있었을 때인 조선 말기에 이미 활자 미디어를 활성화시켜서 일상적으로 독서하는 국민을 만들었던 것이다.

  한국은 아쉽게도 일제강점기 35년 동안 한글을 잃어버렸다. 그 결과 한글로 된 활자 미디어를 읽고 자신의 것으로 받아들이는 독서법이 제대로 형성되지 못했다. 일제강점기 이전인 조선 시대에는 명문가마다 제대로 된 한자 위주의 독서법이 있었고, 그것이 전해 내려왔지만 지금의 부모님들과 조부모님들 세대는 제대로 된 독서법을 배울 수 있는 환경이 아니었다. 그와 달리 좋은 조건 하에 있는 지금 1323세대들은 제대로 된 독서법을 배우고, 독서를 해야 한다.

  한 가지만 명심해주기를 바란다. 1323세대 때 읽은 만큼이 바로 네 인생의 크기가 된다는 사실이다. 읽은 만큼 세상이 보이게 되고, 읽은 만큼 성장하게 되고, 읽은 만큼 훌륭한 사람이 될 수 있다.

# 1323의 **독서는
평생의 내공**이 된다

　지금 이 시대를 살아가고 있는 어른들이 가장 후회하는 것 중에 하나가 1323세대 때 좀 더 많은 책을 읽지 않았다는 것이다. 이 세상은 꿈을 꾸고 그 꿈을 이루기 위해 도전하는 자의 것이다. 하지만 책을 읽지 않은 친구들의 꿈은 책을 많이 읽은 친구들의 꿈과는 격과 질이 다르다. 한마디로 수준 차이가 난다는 것이다.

　꿈에도 수준 차이가 있다. 그 꿈의 수준을 높이고 차이를 만드는 것은 학교 공부나 학원 공부가 아니라 오로지 읽은 책, 즉 1323세대 때의 독서량이다. 독서를 많이 한 학생들은 뭔가 달라도 다르다. 눈에 보이지 않지만 독서를 많이 한 학생들은 내공이 깊다. 이것은 눈에 보이지 않지만 땅 속에 뿌리를 깊게 내린 나무와 같다. 뿌리가 깊을수록 강한 비바람과 태풍도 쉽게 견디어낼 수 있다. 하지만 뿌리가 깊지 않으면 아무리 그럴 듯해 보이는 나무라고 해도 태풍이 한 번만

닥쳐오면 쉽게 뿌리째 뽑혀 버린다. 이렇기 때문에 인생의 내공을 키우는 것이 외모나 학교 성적을 올리는 것보다 더 중요하다.

인생은 하루에도 너무나 많은 선택을 하면서 살아가야 하는 선택의 연속이다. 그런데 책을 읽지 않은 친구들은 매우 어리석은 선택을 하게 된다. 그리고 반대로 책을 많이 읽은 친구들은 굉장히 현명한 선택을 할 수 있게 된다. 이러한 수많은 선택의 결과들이 수십 년 축적이 되면, 현명한 선택들을 많이 한 친구들의 삶은 굉장히 윤택해지고 좋아질 것이라는 점은 누구나 쉽게 알 수 있다. 인생은 선택의 연속이고, 그렇기 때문에 좋은 선택을 할수록 인생은 좋아진다. 좋은 선택을 할 수 있게 도와주는 것은 학교 공부가 아니라 1323세대 때 읽은 책들이다.

인생은 또한 오르막과 내리막, 그리고 무수한 장애물과 문제들의 복합체다. 그런데 책을 많이 읽은 친구들은 정답이 없는 인생의 수많은 문제에 직면했을 때 그 어떤 사람도 생각해내지 못한 해결책을 스스로 만들어 그 문제를 쉽게 해결해버린다. 하지만 책을 읽지 않은 친구들은 인생을 살면서 만나게 되는 수없이 많은 문제들 앞에서 항상 당황하고, 힘들어하고, 죽을 만큼 고생한다. 그리고 결국에는 말끔하게 해결하지 못한 채 문제들에 치여서 힘들고 어려운 삶을 살기 때문에 정작 중요한 일에 집중하는 것도 버거워지게 된다. 그 결과 위대한 삶을 살 수 있는 기회를 스스로 버리게 되는 것이다.

정글의 법칙에 나오는 달인 김병만은 직접 식량을 구하고, 라이터도 없이 불을 피우고, 잠자리를 만들면서 오지를 체험한다. 김병만처럼 달인 생활을 오래 하면서 이런저런 내공이 쌓여 있지 않다면 아마도 그런 오지에서 굶주림에 시달려야 하고, 집도 없이 노숙을 하면서 고생을 엄청 해야 할 것이다. 하지만 김병만은 맨손으로 하룻밤을 안락하게 보낼 수 있는 간이집도 몇 시간 만에 뚝딱 잘 만든다. 외모는 볼품이 없고, 체구도 작지만 그는 작은 거인이다. 그가 그렇게 할 수 있었던 것은 어렸을 때부터 숙달된 달인의 삶이라는 내공 때문이다.

이처럼 인생을 살다 보면 누구나 여러 가지 문제에 직면하게 되지만, 누구는 그것을 다른 친구들보다 훨씬 더 쉽게 해결해내고 잘 살아간다. 하지만 어떤 친구는 그러한 문제들을 해결하지 못해서 끙끙대면서 힘들게 살아간다. 당연히 이렇게 살면 행복하기보다는 불행하고 힘든 삶을 살아야 하는 것이다.

행복한 삶과 불행한 삶을 결정짓는 것도 바로 1323세대 때의 독서라고 나는 생각한다. 어렸을 때부터 독서를 많이 해서 다양한 삶과 상황들에 대해서 미리 간접 경험을 해놓은 친구들은 어떤 인생을 만나더라도 책을 읽지 않은 친구들에 비해서 훨씬 더 잘 해결한다. 한마디로 이 시기에 많은 책을 읽은 친구들은 나중에 어른이 되어서도 인생의 고수로 살아갈 수 있다.

성공하는 1323청춘들의
단 한 가지 **습관**

 진짜 중요한 것은 학창 시절에 공부를 잘해서 학교 성적이 좋은 것이 아니다. 진짜 중요한 것은 학교에서 모범생이 되고, 공부의 신이 되어 좋은 대학교에 입학하는 것이 아니다. 좋지 못한 대학교에 입학했거나 애당초 대학교를 가지도 않았거나 중간에 중퇴한 친구들 중에, 좋은 대학교에 입학한 학생들보다 위대한 인생을 살아가는 사람들이 더 많다는 사실에 나는 동감한다. 1323세대 때 가장 중요한 것은 학교 공부를 잘하는 것이 아니라 큰 꿈을 꾸는 것이다. 그런데 책을 통해 큰 세상을 만나보지 못한 친구들은 큰 꿈조차 꿀 수 없는 것이 사실이다.
 그런 점에서 1323세대 때 가장 중요한 성공 습관은 단연 '독서 습관'이다. 물론 독서 습관은 양날의 칼과 같은 것이라고 나의 생각을 이 책 초반에 밝혔다. 그렇기 때문에 올바른 독서 습관을 가지는 것이 더 중요하고, 독서 습관을 날마다 향상시켜 나가야 한다. 흐르는 물을 거슬러 올라가는 물고기처럼 살아 있는 독서 습관을 가져야 한다.

올바른 독서법을 가지고 있는 친구들은 자연스럽게 독서 습관을 형성할 수 있다. 하지만 독서법이 잘못된 친구들은 독서 습관을 형성할 수 없거나 백해무익한 독서 습관을 형성하게 된다고 나는 생각한다. 독서가 즐겁고 신나고 재미있는 것인지 아닌지를 결정하는 것은 바로 독서법이기 때문이다.

독서법은 독서에 대한 접근 방식과 독서를 통해 얻게 되는 결과물에 직접적으로 영향을 줄 뿐만 아니라 독서하는 과정의 재미와 즐거움, 지적 유희와 쾌감을 좌우한다. 그렇기 때문에 올바른 독서 습관을 형성할 수 있느냐 없느냐를 결정하는 것은 독서법인 것이다.

성공하는 1323세대들의 단 한 가지 습관인 독서 습관을 제대로 가지기 위해서 가장 중요한 것은 독서에 대한 분명한 목표를 가지는 것이다. 이는 높은 산에 등산을 하는 것과 다르지 않다. 지리산이나 설악산과 같이 높은 산을 오르기 위해서는 반드시 정상에 오르겠다는 목표가 확고해야 한다. 목표가 확고한 친구와 목표조차 없는 친구들은 눈빛부터 다르고 자세와 목소리도 다르며 준비하는 과정도 다를 수밖에 없다. 독서도 마찬가지다. 그저 취미 생활로 독서를 한다거나 심심해서 시간을 보내기 위해서 가끔 독서를 하는 친구들은 절대 독서 습관을 형성할 수 없다.

중요한 사실은 제대로 된 독서에 대한 목표를 가지고 있지 않은 친구들은 절대로 독서법을 터득할 수 없다는 것과 그로 인해 독서의 깊고 넓은 세계에 빠질 수 없다는 사실이다. 물론 처음부터 책이 좋아서 책에 빠지는 친구들도 있다. 하지만 이런 경우는 극히 소수다. 어떤 친구들이라도 처음에 시작이 매우 중요하다. 자신이 왜 책을 읽어야 하는지에 대한 제대로 된 동기 부여가 되어 있지 않다면 독서에 대한 명확한 목표를 만들 수 없다.

올바른 독서 습관을 형성하기 위해 가장 중요한 것이 독서에 대한 명확한 이유와 목표를 갖는 것이기 때문에 부모님이나 선생님의 권유에 의해서 수동적으로 하게 되는 독서는 오히려 큰 재앙을 초래할 수 있다.

이 책을 읽는 1323세대들은 자기 스스로 하나씩 독서의 방법과 목표와 이유를 찾아야 한다. 비록 오랜 시간이 걸리고 많은 노력이 필요할지라도 자기만의 독서법을 찾게 되면 그것이 평생을 좌우한다는 사실을 알아야 한다.

세계 명문가는
독서법을 통해 탄생했다

　세계의 명문가들은 그 어떤 유산보다 독서법의 전수를 중요하게 생각했다. 영국의 위대한 정치인이었던 윈스턴 처칠은 좋은 독서법이 전해 내려오는 가문에서 태어났다. 바로 이것이 그에게 가장 큰 행운이었던 것이다. 미국의 위대한 정치인이었던 케네디도 역시 이런 행운을 타고났던 인물이다. 존 F. 케네디를 위대한 인물로 만든 사람은 그의 어머니 로즈 여사였다. 그녀는 자녀들이 좋은 책을 읽게 했을 뿐만 아니라 읽은 후에 그 활동이 피와 살이 될 수 있도록 토론하는 시간을 가지게 했다. 위대한 천재 존 스튜어트 밀 역시 아버지가 제시해준 독서법을 통해 둔재에서 천재로 거듭난 인물이다. 조선 선비들 중에서도 최고의 명문가 선비에 속하는 율곡 이이도 역시 어머니 신사임당의 뛰어난 독서법을 통해 천재가 되었다. 율곡은 특히 독서할 때 읽는 책의 순서를 정하기도 했다.

세계 명문가는 독서법을 통해 탄생했다. 케네디가가 그렇고, 윈스턴 처칠가가 그랬다. 그리고 조선의 수많은 명문가들이 자녀들에게 독특한 독서법을 가르쳐 명문가의 맥을 이어갔다. 더 중요한 사실은 조선 왕실에도 매우 중요한 독서법이 있었다는 사실이다. 우리나라 선조들 중에는 매우 훌륭한 위인들이 적지 않다. 하지만 그중에서도 최고의 위인을 손꼽으라고 하면 아마도 대부분의 사람들이 세종대왕을 말할 것이다.

세종대왕을 만든 것은 책이었다. 다시 말해 그가 바로 독서의 신이었다. 그는 태종의 셋째 아들로 사실상 왕이 될 가능성이 거의 없는 인물이었다. 그런 그로 하여금 왕이 될 수 있게 해준 원동력은 엄청난 독서에 있다고 나는 생각한다. 독서를 통해 어렸을 때부터 엄청난 내공을 쌓았기 때문에 그는 위대한 성군이 될 수 있었던 것이다. 그가 얼마나 심하게 독서를 한 독서의 신이었는지를 잘 알 수 있게 해주는 대목은 《세종실록》에 잘 나타나 있다.

"과거를 보는 선비는 이와 같이 공부해야겠지만 어찌 임금이 그토록 신고^{辛苦}하느냐?" (태종이 손자 세종에게 한 말)

"즉위하고도 손에서 책을 놓지 않아 수라를 들 때에도 반드시 책을 좌우에 펼쳐놓았고, 한밤중까지 책에 빠져 도무지 싫은 기색이 없었다."

세종대왕을 만든 위대한 독서법은 '백독백습'이었다는 사실을 앞에서도 여러 번 말한 바 있다. 세종대왕이 얼마나 엄청난 독서의 신이었는지를 알게 해주는 그의 말을 들어보자.

"무엇보다도 독서하는 것이 제일 유익하다."

"읽기는 다 읽었으나 또 읽고 싶다."

세종대왕의 독서법은 왕실에 이어져 내려갔고, 그 결과 역사상 유례를 찾아보기 힘든 500년을 이어온 왕조가 조선에서 탄생하게 되었다. 세종대왕은 독서의 힘을 잘 알고 있었기 때문에 신하들에게 독서만 할 수 있는 휴가를 주기도 했다. 그것이 바로 '사가독서賜暇讀書'라는 제도다. 사가독서는 한마디로 공부를 위한 특별 휴가로 유급 휴가다. 즉, 집에서 책을 보면서 공부만 하게 하는 특별 휴가이다. 세종대왕 스스로 독서의 위력을 잘 알고 있었기 때문에 독서만 할 수 있는 휴가 제도를 만들어 신하들이 좀 더 많은 책을 읽을 수 있게 해주었던 것이다.

세종대왕이 엄청난 독서의 신이었고, 엄청난 양의 독서를 했던 인물이라는 사실은 여러 문헌에 나타나 있다. 《태종실록》에도 그러한 사실을 증명하는 문구들이 많이 있다. 그러한 문구들을 보면 그가 얼마나 엄청난 독서의 신이었는지를 잘 알 수 있다.

"내가 신하들과 시구 잇기 시합을 할 때, 어려운 경전의 구절들을 자유자재로 구사할 수 있었던 자는 충녕대군이었다."

"충녕대군은 천성도 총명하지만 공부를 좋아하고 부지런하여 대단한

추위나 심한 더위에도 밤을 새워가며 글을 읽고 있다."

"온 대궐이 꽁꽁 얼어붙을 듯한 추운 겨울밤에도 충녕대군은 밤을 새워 책을 읽고는 했다. 병이 날까 걱정이 되어 책을 읽지 못하게 금해도, 내 말을 도무지 듣지 않았다."

위대한 조선을 만든 것은 조선 왕실에 내려온 독서법 때문이라고 할 수 있다. 그리고 이런 왕의 독서를 위해서 존재했던 것이 바로 '경연經筵'이다. 경연은 한마디로 왕에게 유학의 경서經書와 사서史書를 강론하고, 토론하면서 서로의 견해를 주장하고 소통하는 토론 모임과 비슷한 자리였다.

경연이라는 조선 왕조의 토론 모임에 왕들은 의무적으로 참석해야 한다. 그렇게 하려면 반드시 먼저 경서와 사서를 많이 읽어야 한다. 읽기만 해서는 안 된다. 수십 번, 수백 번 읽어야 이 자리에서 자신의 의견을 잘 말할 수 있고 더 큰 공부를 할 수 있다. 이러한 경연이 조선시대에는 하루에 세 차례나 하게 되어 있었다.

조선에서 왕이 된다는 것은 엄청난 독서를 해야 한다는 것을 의미할지도 모른다. 그리고 그러한 독서로 인해 조선은 500년을 이어올 수 있었던 것이라고 나는 생각한다. 이러한 토론식 독서 모임은 마치 윈스턴 처칠가나 케네디가에서 했던 독서 토론과 다르지 않다. 그리고 유태인들이 안식일마다 자연스럽게 하게 되는 토론과도 다르지 않다.

결국 위대한 독서법은 눈으로만 읽고 책을 덮는 것이 아니다. 반드시 손으로 쓰고, 토론을 통해 다시 한 번 생각과 주장을 정리하고 완전하게 자신의 피와 살이 되도록 한다는 데 있다.

눈부신 인생은
'독신讀神'에서 비롯된다

빅토르 위고는 다음과 같이 말했다.

"젊음은 아름답지만 노년은 찬란하다. 젊은이는 불을 보지만 나이 든 사람은 그 불길 속에서 빛을 본다."

하지만 나는 이 말에 반대한다. 젊음은 그 자체로 아름답다. 하지만 노년은 젊은 시절에, 특히 1323세대 때를 어떻게 보냈느냐에 따라서 찬란하게 될지 비루하게 될지 결정된다고 말하고 싶다. 세종대왕은 자기 자신뿐만 아니라 조선의 경제와 문화까지 찬란하게 빛나게 했고, 대한민국의 모든 구성원들이 영원히 자랑스러워할 수 있는 세계에서 가장 위대한 문자인 한글을 창제했다. 그가 이렇게 할 수 있었던 것은 바로 그가 독서의 신이었기 때문이다. 그에 대해서 많은 페이지를 할애하는 이유는 그가 그만큼 위대한 독서의 신이었기 때문이다.

만약에 그가 독서를 게을리하는 그런 왕이었다면 아무리 머리가 좋다고 해도 그의 인생은 눈부신 인생이 되지 못했을 것이다. 그리고 그는 지금 친구들이 알고 있는 그런 위대한 왕이 되지 못했을 것이다. 한 개인이 아무리 머리가 좋고 능력이 뛰어나다 해도 그것을 완성시키는 것은 독서이기 때문이다.

세종대왕이 어렸을 때부터 책 읽기를 엄청나게 좋아했다는 사실을 또 다른 책에서도 쉽게 찾아볼 수 있다. 《한 권으로 읽는 세종대왕실록》이라는 책에 보면, 세종대왕의 이러한 독서 자세에 대해 다음과 같은 내용이 실려 있다.

> 그는 어릴 때부터 학문에 대한 열성이 대단하여 늘 책을 끼고 살았는데, 심지어 몇 달 동안 앓아누워 있을 때도 손에서 책을 놓지 않았다. 태종은 그런 아들의 건강을 염려하여 신하들에게 왕자의 책을 빼앗아 감추라고 지시했다. 그런데 요행히도 책 한 권이 병풍 속에 끼어 있어, 병상에 누운 채 날마다 그 책을 천 번이나 되풀이해서 읽었다고 전한다.

독서의 신이 되어 눈부신 인생을 만들어 나간 위인들은 수도 없이 많다. 헬렌 켈러 여사를 비롯해서 오프라 윈프리, 마야 안젤루, 에디슨, 나폴레옹, 워런 버핏, 모택동, 윈스턴 처칠, 링컨 대통령 등등. 이러한 사실은 독서가 얼마나 중요한 것인지를 잘 알게 해준다.

책은 판도라 상자다. 독서의 신이 되면 그 상자를 열 수 있다. 하지만 독서의 초보자는 절대로 그 어떤 상자도 열 수 없다. 판도라의 상자를 열 수 있는 독서의 신들은 그 상자로부터 인생을 살아가야 하는 데 필요한 모든 지식과 지혜를 얻어서 자기 것으로 삼을 수 있고 그 결과 눈부신 인생을 살아갈 수 있게 된다. 이것이 바로 친구들이 독서의 신이 되어야 하는 이유다.

동양 배우 이소룡은 매우 짧지만 강렬한 삶을 살았던 인물이다. 아시아인 최초의 월드스타라고 할 수 있는 그는 겨우 다섯 편의 영화에 출연했지만, 세계적인 영화배우가 된 전설적인 인물이었다.

그런데 그가 엄청난 독서의 신이었다는 사실을 아는가? 그의 서재에 가보면 엄청난 책들, 특히 철학서적들로 가득 차 있었다. 그는 알려진 것과 달리 저술 활동도 했고, 책을 출간한 작가이기도 하다. 그것은 큰 물통에 물이 한 방울씩 쌓이다가 결국 다 차게 되면 저절로 자연스럽게 흘러넘치듯, 책을 많이 읽게 되면 자연스럽게 책 쓰기로 이어지는 원리와 같을 것이다.

"그 어떤 무술양식보다도 더 소중한 건 창조적인 인간이다."

그의 이 말처럼 창조적인 인간이 되는 것은 그 어떤 일보다도 중요하다. 특히 눈부신 인생을 살아가기 위해서는 더욱 그렇다고 할 수 있다. 그런데 어떻게 해야 창조적인 인간이 될 수 있을까?

한 가지 분명한 사실은 아무리 공부의 신이 되어도 절대로 창조적인 인간이 되지는 않는다는 것이다. 하지만 반대로 공부보다 독서의 신이 된다면 창조적인 인간이 될 가능성이 높다. 특히 한두 분야에 치우친 독서가 아니라 다양한 분야의 독서를 하는 사람일수록 더욱

더 그렇다.

진정한 독서의 신은 자기가 좋아하는 분야의 책만 읽지 않는다. 다양한 분야의 책을 골고루 읽고, 그러한 분야의 지식과 생각이 교차하면서 통합될 때 바로 그 지점에서 창조가 이루어지게 되는 것이다. 그런 점에서 다독만큼 좋은 창조력 훈련은 없다.

언젠가 한 연예인이 "책을 읽고 어떻게 창조력을 키워요?"라는 말을 한 적이 있다. 나는 이 말을 접하고 나서 개탄스러웠다. 그 이유는 이 친구가 책을 너무 한정된 분야만 읽었기 때문에 창조력이 향상되지 않았다는 사실을 직감했기 때문이다.

친구들이 다양한 분야의 책들을 많이 섭렵하게 되면 창조적인 사람이 될 수 있다고 나는 확신한다. 내가 그랬기 때문이다. 지금 내가 평범한 직장인에서 변신하여 한 달에 한 권 이상의 책을 출간하는 작가가 될 수 있었던 것, 다양한 주제에 대해서 다양한 책들을 저술할 수 있었던 것은 바로 다독을 통해 사고력과 창조력이 몰라보게 향상되었기 때문이라고 할 수 있다. 나의 경우 지금 내가 눈부신 인생을 살 수 있었던 가장 큰 이유는 다양한 주제와 분야를 종횡무진 넘나들면서 책을 읽었다는 것이다.

공부의 신보다
독서의 신이 더 위대하다

　영국을 대표하는 정치가이자 영국인들이 가장 존경하는 인물로 지금도 선정되는 인물이 윈스턴 처칠이다. 그런데 윈스턴 처칠이 고등학교를 졸업할 때까지 변함없이 꼴찌를 했다는 사실을 아는 사람은 많지 않을 것이다. 공부를 못해도 너무 못했던 윈스턴 처칠은 그 당시 시험만 치면 누구나 입학할 수 있는 사관학교를 삼수 끝에 겨우 입학할 정도로 공부와는 거리가 먼 인물이었다.
　제2차 세계대전을 승리로 이끈 위대한 지도자, 정치인들 중에서 유일하게 노벨 문학상을 받은 뛰어난 능력의 소유자 윈스턴 처칠이 학창 시절에는 꼴찌였다는 사실은 충격일 수 있다. 하지만 그는 공부의 신이 아닌 대신에 그것보다 열 배 정도는 더 중요하고 가치 있는 독서의 신이었다.
　그가 독서의 신이 된 것은 아홉 살 때 아버지로부터 선물 받은 한 권의 책에서 비롯되었다. 그 책에 빠지기 시작하면서부터 그는 독서의 신으로 조금씩 변해갈 수 있었다. 그 결과 고등학교를 졸업할 때까지 줄곧 꼴찌를 도맡았던 낙제생이 대영제국의 총리가 될 수 있었던 것이다. 처칠은 2002년 BBC가 영국인 백만 명을 대상으로 조사한 '위대한 영국인 100인'에서 뉴턴과 셰익스피어를 제치고 당당히 1위를 차지하기도 했다.

처칠이 이처럼 위대한 인물이 될 수 있었던 것은 그가 공부의 신이 아닌 독서의 신이었기 때문이다. 처칠에 대해서는 나중에 명문가들의 독서법 편에서 한 번 더 다룰 것이다.

이러한 사실은 그렇게 충격적이고 놀라운 것이 아니다. 무수히 많은 위인들이 학창시절에는 평범했거나 평균 이하의 성적이었지만 어른이 되어서는 세계적인 인물로 도약했다. 아인슈타인, 에디슨 등이 바로 대표적인 인물이다.

위대한 인생을 살아간 사람들은 모두 공부의 신이 아니라 독서의 신이었다. 그렇다면 친구들은 어떤 신이 되기를 원하는가? 물론 여기에서 말하는 신이라는 의미는 창조주를 말하는 것이 아니다. 어떤 분야에서 평범한 수준을 뛰어넘어 비범한 수준으로 실력이 향상되어 높은 경지에 이른 사람들을 가리킨다.

가령 박지성 같은 선수는 축구의 신이라고 하기에 하나도 이상하지 않다. 일본에는 훌륭한 경영자들을 경영의 신이라고 부른다. 물론 한국에도 이건희 회장, 정주영 회장, 이병철 회장, 구인회 회장 등과 같은 훌륭한 경영의 신이 있다. 재미있는 사실은 한국의 경영의 신,

그리고 일본의 경영의 신들도 모두 공부의 신이 아니라 독서의 신들이었다는 사실이다.

PART 4

1323청춘이여, 기적의 독서법을 만나라

글을 지으려는 사람은 먼저 독서의 방법을 알아야 한다. 예를 들어 우물을 파는 사람은 먼저 석 자의 흙을 파서 축축한 기운을 만나게 되면 여기서 더 파서 여섯 자 깊이에 이르게 되고 그 탁한 물을 퍼내고 나서 또 더 파서 아홉 자 깊이까지 파내려 간다. 아홉 자의 깊이까지 판 후에야 맑고 맛이 있는 물을 만날 수 있게 된다. (……) 이 정도 깊이의 물이라야 물 이상의 가치가 있고, 그것을 마시는 사람들은 오장육부와 피부가 좋아지게 되고, 음식을 맛있게 할 수 있고, 어디든지 쓰이지 못할 데가 없게 된다. 하지만 우물을 판다고 해놓고서는 겨우 석 자 깊이 정도만 파고 나서 얻게 된 젖은 흙을 가져다가 부엌 아궁이의 모서리에나 바르면서 우물을 판 보람으로 삼는 일은 절대 있어서는 안 되는 일이다.

존재 위백규

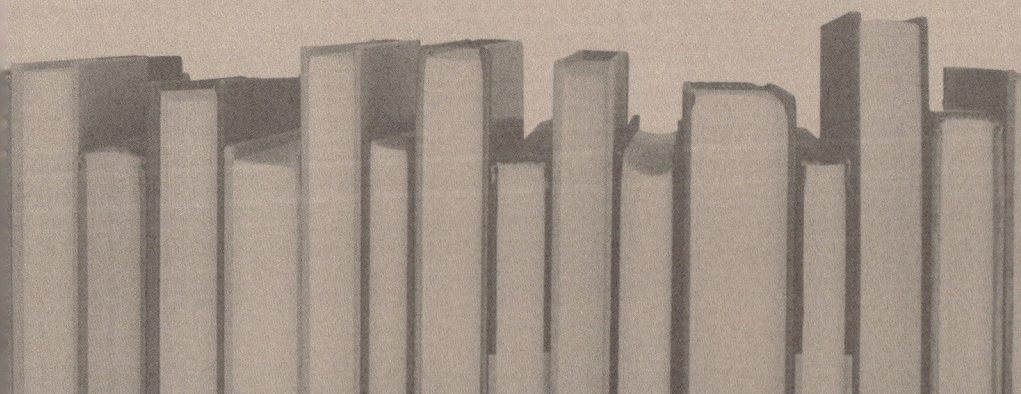

 ## 카멜레온식
독서를 하라

  독서의 방법 중에서 가장 기본적인 것은 책에 따라 읽는 속도와 자세와 방식을 달리하는 것이다. 이것을 나는 카멜레온식 독서 방법이라고 말하고 싶다. 카멜레온은 참 특이한 동물이다. 주위 환경에 따라서 자신의 몸의 빛깔을 바꿀 수 있는 그런 특별한 동물이기 때문이다. 빛의 강약과 온도, 감정이 바뀌면 그것에 따라 몸의 색깔을 바꾸어 버릴 수 있다. 독서를 잘하기 위해서는 모든 친구들이 이런 카멜레온이 되어야 할 필요가 있다.

  이 세상에는 책의 종류와 성격이 너무나 많은 차이가 있는 책들이 존재한다. 그렇기 때문에 어떤 책을 읽을 때는 엄청난 집중을 하면서 손에 땀이 날 정도로 읽어 내려가야 할 필요가 있지만, 만화책 보듯 즐기면서 읽어도 되는 책도 있다. 다산 정약용 선생님의 편지글 중에는 이러한 독서의 방법에 대해서 잘 설명해주는 글이 의외로 많다.

그중에 하나가 《다산시문집》 제14권에 실려 있는 '반곡 정공의 난중일기에 제함'이라는 다소 어려운 제목의 글 속에 있는 문장이다.

> 독서를 하는 데는 모두 방법이 있다. 대체로 세상에 도움이 없는 책은 구름 가듯 물 흐르듯 예사롭게 읽어도 되지만, 만약 백성이나 나라에 도움이 있는 책이면 문단마다 이해하고 구절마다 탐구해 가면서 읽어야 하며, 대낮 창가에 졸음을 쫓는 방패로 삼기만 해서는 아니 되는 것이다. 반곡이 이 책을 만든 것은 어찌 겨우 그 고생한 것이나 설명하고 그 공로만을 드러내어 그 자손에게 보이기 위한 것이겠는가. 이는 국가에 경계를 제시하고 후세에 귀감을 남기려고 함일 것이니, 이 《난중일기》를 읽는 자는 마땅히 그 뜻을 알아야 할 것이다.

정말 멋진 글이다. 이 글을 메모하고 기록해 놓으면 좋겠다.

이러한 카멜레온식 독서법에 대해 제안하는 독서의 고수들이 적지 않다. 서양의 위대한 철학자 프랜시스 베이컨도 이와 같은 의미의 독서법을 강조했다. 근대 과학혁명에 중요한 기여를 한 근대 경험론의 선구자이기도 한 그는 책을 읽을 때 종류나 성격에 따라서 정독을 할 것인지, 그냥 한 번 슬쩍 훑어볼 것인지, 심지어는 맛만 보거나 손만 댈 것인지를 결정해야 한다고 말한다.

"어떤 책은 맛만 볼 것이고, 어떤 책은 통째로 삼켜버릴 것이며, 또 어떤 책은 씹어서 소화시켜야 한다."

이와 함께 한 권의 책을 읽으면서도 어떤 부분은 빨리 읽고 또 다른 부분은 천천히 읽을 필요가 있다. 그러한 방법이 생산적인 책 읽기이며 전략적인 책 읽기다. 조금은 전략적이고 생산적인 책 읽기 방법을 소개한 스티브 레빈의 《지식을 경영하는 전략적 책 읽기》에는 이런 방법이 잘 설명되어 있다.

처음부터 책 한 장 한 장을 공들여 읽는 것은 시간을 낭비하는 것이다. 만약 읽어야 할 책이 평생 단 한 권에 불과하다면 모든 시간을 그 한 권의 책에 걸어도 좋다. 두 권이면 두 권에, 세 권이면 세 권에 맞게 시간을 안배하면 된다. 하지만 우리가 평생 읽어야 할 책은 하루에도 주어진 시간보다 열 배나 많이 쏟아져 나오고 있다. 평생 죽어라고 책만 읽어도 다 못 읽고 죽는다. 그런 까닭에 한 작품에 필요 이상으로 많은 시간을 쏟아붓는 건 어리석다.

다양한 책을 놓고 조금 빠른 속도로 읽어 나가다가 궁금하거나 호기심을 자극하는 내용이 있으면 속도를 줄이고 자세히 읽으면 된다. 처음 책을 집어 들었을 때는 그 책의 깊이가 얼마나 되는지, 넓이는 얼마인지, 농도와 밀도는 어떻게 되는지 알지 못한다. 따라서 한 군데 지나치게 오래 머물러 있는 것은 좋지 못하다. 금세 지쳐서 다른 책을 붙잡는 데 방해가 되기 때문이다. 그보다는 일단 처음부터 끝까지 휙 둘러보고 나서, 한 권 한 권 천천히 다시 음미해 보는 게 좋다. 그렇게 읽으면 다른 사람들이 간신히 한 권 집어들고 독파하는 것보다 더 많이 읽으면서 필요한 것들을 더 많이 뽑아내게 된다.

여러분은 이제 독서를 할 때마다 카멜레온처럼 변신을 해야 한다. 더 많은 책을 읽고 더 유익한 독서를 하기 위해서 책을 차별해야 한다. 어떤 책은 예능 프로그램을 보듯 보고, 어떤 책은 시험공부를 하듯 읽고, 어떤 책은 자신의 운명이 걸린 시험을 치듯 읽어야 한다.

박경철 의사도 역시 많은 책을 읽은 독서의 신이다. 그리고 카멜레온식 독서를 하는 독서의 고수다. 그가 동아일보사와 인터뷰를 한 내용이 《그들의 생각을 훔치다》라는 책에 실린 적이 있는데, 그 내용을 보면 이러한 사실을 잘 알 수 있다.

> 그는 책을 읽을 때도 제목만 봐도 되는 책, 30분도 안 걸리는 책, 음절 하나 단어 하나까지 씹어 먹어야 하는 책을 분류해 맞춤 방법으로 공략한다. 그의 안동 본가에는 그가 읽은 책 1만여 권이 서가에 꽂혀 있다. 아직도 그는 인용해야 할 책과 해당 대목이 생각나면 정확하게 책더미 속에서 찾아낼 수 있는 기억력을 갖고 있다고 한다. 이게 다 일찍 습득한 집중력 덕분이었다는 것이다.

자! 친구들은 이제 카멜레온으로 변신을 하여 책에 따라 맞춤식 독서를 하도록 하자. 시간을 절약하는 방법이고 더 좋은 책을 더 많이 읽을 수 있는 좋은 독서법이기 때문이다.

다독을 하는 것이 좋은 이유

나는 친구들에게 정말 독서와 관련해서 해주고 싶은 말이 있다. 물론 다른 말도 많지만 가장 중요한 것은 많은 종류의 다양한 책들을 읽으라는 것이다. 한마디로 다독을 하라는 것이다. 다독은 많이 읽는 것이다. 독서법이 제대로 되었다면, '밑 빠진 독에 물 붓기'식 독서가 아니라면, 적게 읽는 사람보다 많이 읽는 사람이 백 배 더 낫다. 위대한 역사적 인물인 나폴레옹이 위대한 정복자가 되고, 수많은 역경과 두려움을 극복하고 위대한 성과를 낼 수 있었던 것은 모두 다독을 통한 지성의 힘이다.

《대한민국 리더십을 말한다》라는 책을 보면 나폴레옹이 평생 8,000권이라는 어마어마한 책을 읽었다는 사실에 대해 정확하게 표현한 대목이 있다.

나폴레옹은 말 등에서조차 책을 읽었고 전속 사서와 별동대로 하여금 신간 서적을 전쟁터까지 수집해 오도록 한 인물이다. 그는 평생 8,000권의 책을 읽었다고 전해진다. 8,000권이라면 매일 한 권씩 22년 동안 읽어야 할 분량이다. 나폴레옹의 탁월한 지성의 힘은 그의 방대한 독서량에서 비롯되었다. 나폴레옹의 전쟁을 분석하며 전쟁의 본질을 규명하고자 했던 칼 폰 클라우제비츠는 불후의 명저 《전쟁론》에서 "전쟁은 순전히 지성의 지대한 힘이 필요한 것"이라고 결론지었다. 이는 결국 전승의 비결은 책 속에 있다는 의미다.

그가 10대 때부터 많은 책을 읽지 않았다면 그는 위대한 정복자가 될 수 없었을 것이다. 다독의 힘은 말로 표현할 수 없고, 상상할 수 없는 그 이상의 것이다. 능력이 부족하면 양으로 승부하는 것이 훨씬 더 나은 선택일 수 있다. 능력이 뛰어나고 타고난 재능과 지능이 있는 친구들보다 더 나은 인생을 살아갈 수 있는 유일한 방법은 양으로 승부하는 것이다. 대표적인 사례로 들 수 있는 인물이 일본의 유명한 작가인 나카타니 아키히로다. 그의 모토는 '재능에 자신이 없으면 양으로 승부하자'다. 그래서 그는 대학 4년 동안 4,000권의 책과 4,000편의 영화를 본 것으로 유명하다. 그러한 다독을 통해 그는 지금 베스트셀러 작가로 눈부신 인생을 살아가고 있다.

다독을 통해 독서의 신이 될 수 있다. 그리고 이것은 또한 서로 영향을 준다. 즉, 독서의 신이 되어야 다독을 제대로 할 수 있다. 그러므로 독서의 신이 되어야 한다는 것은 다독을 해야 한다는 것을 의미하기도 한다. 다독을 통해 인류 최고의 천재가 된 인물이 바로 레오나르도 다 빈치이다. 그가 태어났을 때 전 유럽에는 3만 권의 책 밖에 없었다. 하지만 그가 청년이 되었을 때 유럽에는 500만 권이라는 책들이, 그것도 피렌체라는 도시에 집중되어 있었다. 운이 좋게도 다 빈치는 바로 그때 피렌체에서 독학을 했던 것이다. 이처럼 절묘한 타이밍이 또 있을까?

정규 교육도 제대로 받지 못했던 불쌍한 사생아 레오나르도 다 빈치로 하여금 위대한 천재가 될 수 있게 해준 것은 바로 500만 권이라는 엄청난 책이었다. 다 빈치 이전의 인류에게는 단 한 번도 기회를 주지 않았던 500만 권이라는 책이 탄생된 이 시점에 그는 청년이었고, 책들이 집결되어 있었던 유일한 도시 피렌체에 있었던 것이다.

다 빈치가 정말 행운아인 이유는, 그는 정규 교육도 받지 못했기 때문에 라틴어를 제대로 배우지 못했고 그 어떤 지식적 토대가 없었던 인물이었는데 이 시기에 수많은 책들이 번역되고 출간되었다는 것이다. '시대가 영웅을 만든다'는 말이 있는데, 정말 다 빈치의 경우에는 이 말이 그대로 들어맞았다고 할 수 있다. 물론 자기 자신이 피나게 독서를 한 것도 있었지만, 수백만 권이 되는 책의 환경과 기회를 갖지 못했다면 불가능했을 것이다.

다 빈치가 100년만 더 일찍 태어났더라면, 혹은 피렌체가 아닌 다른 도시에서 청년의 시기를 보냈다면 우리가 알고 있는 위대한 천재 다 빈치는 존재하지 않았을지도 모른다. 인류 역사에 레오나르도 다 빈치란 이름은 한 글자도 적히지 않았을 수도 있었다. 이런 점에서 수많은 책을 쉽게 접할 수 있는 도서관은 기적의 장소다.

이러한 사실에 대해 잘 말해주는 사람이 있다. 이 사람이 없었다면 나 역시 다 빈치가 처음부터 타고난 천재였거나 힘들이지 않고 저절로 천재적인 성과를 만들어냈던, 우리와는 다른 부류의 사람이라고 생각하며 평생 열등감에 빠졌을지도 모른다. 나로 하여금 진실을 알게 해준 사람은 바로 영국의 과학 저술가이자 디스커버리 채널의 시리즈 〈불가능의 과학〉이란 프로그램의 자문을 맡은 바 있는 마이클 화이트다. 베스트셀러 서적인《스티븐 호킹》과《아이작 뉴턴: 마지막 마법사》란 책으로도 유명한 그는 자신의 또 다른 책인《최초의 과학자, 레오나르도 다 빈치》란 책을 통해 다 빈치의 이러한 사실에 대해서 다음과 같이 설명하고 있다.

> 거의 모든 문화의 측면이 이 시기에 변하였다. 유럽을 사로잡은 거대한 변화와 관련하여 한 가지 중요한 점을 지적하자면 레오나르도가 네 살 되던 해 구텐베르크가 최초의 책을 인쇄하였다는 사실이다. 당시 유럽에는 책이 총 3만 권 정도밖에 없었다. 그러나 다 빈치가 중년의 나이에 이른 1500년경에는 대략 800만 권의 책이 인쇄되어 세상에 있었다.[그가 청년이었을 때는 500만 권 정도 있었을 것이다].
>
> 극소수의 수도사들에 의해서 과학적 사색이 이루어지던 시대를 벗어나 유럽의 문화가 레오나르도, 갈릴레오, 뉴턴과 훗날의 산업 혁명에 토대를 마련해주는 시대로 이행한 것에는 두 가지 중요한 요인이 있다. 첫째로 고대 문헌을 찾아낸 일이다. 고대 문헌은 르네상스의 지식

인들이 고전의 사고에 직접적으로 접근할 수 있도록 해주었다. 또 다른 요인은 거의 동시에 이루어진 활자movable type의 발명이었다.

이 모든 발견에서 중요한 것은 이 저술들이 순수한 라틴어로 쓰였으며 가능한 한 오염되지 않은 상태에 가까워졌다는 점이다. 그래서 14세기 후반, 15세기 초의 피렌체 지식인들은 역사상 처음으로 고전시대의 위대한 사상가들의 글을, 엉터리 교육을 받은 수도사들이 거칠게 번역한 단편斷片 형태가 아니라 원상태 그대로 읽을 수 있었다.

이것은 그 자체만으로도 엄청난 발전이었다. 그러나 더욱 중요한 것은 이 작품들이 번역되고 해석되는 과정에서 로마 시대의 학자들이 또 다른 출전出典에 근거하여 글을 썼다는 사실이 알려졌다는 것이다. 라틴어를 제대로 배우지 못했고, 지식적 토대가 없었던 다 빈치에게는 일생일대의 중요한 행운이었다. 특히 기원전 500년에서 250년에 이르는 황금시대에 나온 아르키메데스, 아리스토텔레스, 피타고라스, 플라톤 등이 그들의 출전이었다. 정규 교육도 받지 못한 그가 철학자로서 명성을 얻을 수 있었던 것의 실마리가 아닐까? 이런 사실이 알려지자 르네상스 사람들은 필연적으로 과학 지식에 관한 그리스 원전들을 집요하게 탐색하게 되었다. 고대 학문의 위력을 알게 된 피렌체의 많은 부자들이 외국으로 사람을 보내서 그리스어 원전으로 된 것은 무엇이든 찾는 대로 사오라고 시켰다.

친구들이 기억하면 좋은 내용은 위대한 천재 다 빈치를 만든 것은 엄청난 다독이었다는 것이다. 그러므로 많은 책을 읽는 것이 굉장히 중요하다.

당송팔대가^{중국의 당나라와 송나라 시대에 유명한 8명의 작가} 중의 한 명인 구양수는 삼다론^{三多論}을 강조한 바 있다. 많이 읽고^{多讀}, 많이 생각하고^{多商量}, 많이 쓰라^{多作}는 것이다. 그가 제안하는 삼다 중에 첫 번째가 다독이다. 이처럼 다독은 무엇을 하기 위해서 가장 기초가 되고 가장 필수적인 것이다.

조금씩 읽으면
천 권을 읽는다

'천 리 길도 한 걸음부터'라는 말을 나는 좋아한다. 이 말은 나의 삶의 자세를 잘 반영하는 말이기 때문이기도 하지만 더 중요한 이유는 항상 마음을 고요하게 해주고, 마음의 욕심이나 집착을 버릴 수 있게 해주기 때문이다. 나는 일주일에 서너 번씩 서울에 와서 강연을 하기 때문에 온종일 집필만 할 수 있는 시간은 일주일에 이삼일 정도밖에 되지 않는다. 하지만 그런 바쁜 일정에도 여전히 한 달에 두 권 정도의 책을 집필하고 있다. 이렇게 엄청난 양의 책을 집필할 수 있었던 비결이 있다면 바로 이것이다.

"조금씩 쓰면 백 권의 책도 금방 쓰게 된다."

많은 사람들이 무엇을 하더라도 큰 성과를 내지 못하는 단 한 가지 이유는 실력이 부족해서가 아니라 집중력이 부족해서다. 집중력이 부족한 사람은 쉽게 다른 것들에 마음과 힘을 빼앗긴다. 하지만 집중력이 뛰어난 사람은 절대로 마음을 뺏기지 않는다. 그래서 자신이 하는 일에 오롯이 집중할 수 있게 된다. 그리고 그러한 집중의 결과로 남들보다 더 잘할 수 있고, 더 많이 할 수 있다.

나는 책을 쓸 때 항상 내 자신에게 당부한다. '한 글자만 쓰자', '한 문장만 쓰자', '한 페이지만 쓰자'라고 말이다. 그런데 쓰다 보면 그것이 두 페이지가 되고, 세 페이지가 되고, 네 페이지가 된다. 그렇게 조금씩 쓰다 보니 한 달에 두 권의 책을 쓸 수 있게 되었다는 말이다. 그런데 너무나 많은 친구들이 한 걸음 내딛는 것을 작게 생각하고 하찮게 생각해버린다.

태산을 오르는 사람의 성공 비결은 한 걸음이다. 남들보다 한 걸음 더 내디딘 것이 성공의 비결인 것이다. 욕심을 내지 않고, 조바심을 내지 않고 내딛는 것이 최고의 성공 비결인 것처럼 독서도 이와 다르지 않다. 그런 점에서 독서의 신이 되지 못하게 하는 최고의 장애물은 조바심이고 게으름이다.

'한 걸음 더 내디뎌봐야 뭘 하겠어?'라는 그런 자포자기식의 생각이 결국 아무것도 할 수 없게 만든다. 한 걸음의 차이가 평생을 좌우할 수 있다는 사실을 명심할 필요가 있을 것 같다. 십시일반十匙一飯이란 말이 작은 것이지만 모이고 쌓이면 큰 위력을 가지게 된다는 것을 의미하지 않는가?

《변신》의 작가인 프란츠 카프카라는 "모든 나쁜 것의 기본은 조바심과 게으름이다"라는 말을 한 적이 있다. 그런데 나는 나쁜 독서의 가장 기본은 조바심과 게으름이라고 생각한다. 조바심을 가지고 있는 친구들은 절대로 독서를 잘할 수 없다. 코끼리를 잡아먹는 유일한 방법은 한 번에 한 입씩 먹는 것이다.

문제는 너무 많이 너무 빨리 하려고 하다가 목에 걸려서 큰 화를 당하게 되는 것이다. 독서도 이와 다르지 않다. 독서의 기술을 제대로 배우려면 최소 6개월 정도는 꾸준히 독서를 하면서 익혀야 한다. 하지만 많은 사람들이 한두 시간 만에, 혹은 하루 이틀 사이에 독서의 고수가 되고자 욕심을 낸다. 그렇게 욕심을 내어 어렵게 시작한 독서가 하루 이틀 만에 흐지부지 끝나 버리게 되고, 더 이상 독서를 하지 않게 되는 사람들이 적지 않다. 바로 이것이 '작심삼일'인 것이다.

모든 세상일도 이와 같은 원리에서 벗어나지 않는다. '바늘허리 매어 못 쓴다'는 속담처럼 조바심을 내는 사람, 욕심을 버리지 않는 사람은 절대로 독서의 참된 기술을 습득할 수 없다.

"로마는 하루아침에 만들어지지 않았다."

이 사실을 명심해주기 바란다. 첫 술에 배부른 법은 없다. 쉽게 얻은 것은 쉽게 놓치게 된다. 독서의 기술과 같이 엄청나게 좋은 기술을 어떻게 단 한 번에 쉽게 얻고자 하는가? 그것은 욕심이다. 조바심을 버려야 한다.

# 손에서 책을 놓지 마라

친구들에게 해주고 싶은 이야기 중에 하나는 오나라의 명장인 여몽이라는 장군의 이야기다. 이 장군은 가난한 집안에서 태어나 공부를 할 수 있는 형편이 되지 못했다. 지식도 없었고, 좋은 집안 출신도 아니었기에 병졸이라는 가장 밑바닥 신분으로 군인이 되었다. 하지만 타고난 부지런함과 끈기를 가지고 열심히 무예를 익혔다. 그러다가 전쟁에서 큰 공을 세우고 지위가 올라가서 급기야는 장군이 되었다. 그런데 문제는 장군이라는 사람이 지식이 너무 부족하다는 점이었다. 이것을 걱정하고 있던 그 나라의 황제가 여몽 장군을 불러서 다음과 같이 부탁을 한 적이 있었다.

"그대는 이 나라를 위해 앞으로도 할 일이 많으니 책을 많이 읽어서 학문을 쌓는 것이 좋을 것 같소."

그러자 여몽 장군은 다음과 같이 답했다.

"저는 글을 모릅니다. 그리고 장군으로서 해야 할 일이 많기 때문에 책을 읽을 시간이 없을 것 같습니다."

그러자 황제는 다음과 같이 대답했다.

"나는 그대에게 위대한 학자가 되라고 하는 것이 아니라, 옛사람들의 지혜가 담긴 책들을 많이 읽어 두라는 것이오. 한나라 광무제는 전쟁을 하면서도 책을 놓지 않았고, 위나라 조조 역시 늙어서도 책 읽기를 멈춘 적이 없다고 하오."

이 말을 듣고 여몽 장군은 큰 반성을 하고 어디에 가더라도 책을 들고 다니면서 읽고 공부했다. 심지어 전쟁터에서도 그는 책을 읽는 것을 멈추지 않았다고 한다. 마치 나폴레옹처럼 말이다.

《삼국지》〈오지〉'여몽전'에 나오는 이야기다. 수불석권手不釋卷, 손에서 책을 떼지 않고 많이 읽는 것 하면 괄목상대刮目相對, 눈을 비비고 상대방을 봐야 할 정도로 지식과 재능이 발전한 것을 이르는 말 해야 한다. 그가 그렇게 손에서 책을 놓지 않을 정도로 많은 책을 읽고 자신을 발전시켜 나간 덕분에 나중에 자신의 나라인 오나라 백성들로부터 명장으로 추앙받는 위대한 장군이 될 수 있었던 것이다. 힘만 세고 용기만 있다고 해서 명장이 되는 것은 절대 아니다. 그는 수불석권하여 독서를 한 덕분에 나중에 촉나라의 명장인 관우를 사로잡는 위대한 장군의 반열에 오르게 되었다. 친구들은 소풍을 가더라도, 여행을 가더라도, 놀이동산에 가더라도 책을 들고 다니면서 읽는 친구들이 되어야 한다.

나의 경우에도 특히, 집에 있을 때는 손에서 책을 놓지 않는 경우가 많다. 보통 종일 도서관에서 책을 읽고 글은 쓴 후 밤 10시가 되어서 집에 가면 잠자기 전에 한두 시간의 자유 시간이 주어진다. 주말 같은 경우에는 8시나 9시 정도에 집에 오는 경우가 있다. 저녁을 먹고 나면 8시나 9시부터 12시 정도까지 4시간 정도의 시간이 자유롭게 주어진다. 이때 나는 항상 책을 본다. 여기서 중요한 것은 읽는 것이 아니라 본다는 것이다. TV를 틀어놓고 편안한 자세로 휴식을 취하면서 책을 본다.

  뉴스도 보고, 드라마도 보고, 예능 프로그램도 보지만 책을 보는 시간이 훨씬 더 많다. 이렇게 하면 주말 저녁을 가족과 보내면서 한두 권의 책을 볼 수 있다. 물론 다음날 아침에 그 책을 정리하고 요약하면서 노트를 해야 비로소 한 권을 완전하게 읽었다고 말할 수 있기 때문에 그렇게 한다.

  눈으로만 책을 읽고 그때그때 감동을 받고 큰 지혜를 얻고 깨달음을 얻었다고 해서 그것이 온전히 자기 것이 된다고 생각하는 것은 큰 착각이다. 수불석권을 통해 그 책의 핵심을 파악한 후에는 반드시 직접 노트에 적고 정리하고 자신의 주관을 세우는 일이 뒤따라야 한다. 읽기의 완성은 쓰기라는 점을 나는 항상 주장한다. 친구들도 반드시 읽은 만큼 쓴 노트가 많아져야 한다. 인간의 뇌는 친구들이 생각하는 것만큼 기억력이 좋지 못하기 때문이다. 더불어 노트를 할 때 책을 두세 번씩 읽는 반복 효과가 있기 때문에 권장하는 독서의 기술이기도 하다.

천 권의 책을 읽으면
꿈을 이룰 수 있다

혹시 친구들 중에 작가가 되는 꿈을 갖고 있는 친구들이 있는가? 대한민국을 대표하는 위대한 작가 중에 1,000권의 책을 읽고 작가가 된 사람이 있다. '국민작가'라는 명칭을 갖고 있는 이문열이다. 이문열 작가는 태어나서 몇 년이 안 되어 6·25 전쟁을 경험했고, 그 전쟁 통에 친아버지는 월북을 했다. 그래서 작가의 젊은 날은 우울했다. 특히 북에서 잘 나가는 아버지 때문에 이문열 작가는 그당시 자신이 하고 싶은 것들을 할 수 없었다. 생각해보라. 누군가의 아버지가 북한에서 잘 나가는 사람이라면 한국에서 누가 그 사람의 신분을 보장하고, 믿을 수 있을까? 결국 이문열 작가는 젊은 날의 꿈을 포기해야 했다. 할 수 있는 일들이 매우 한정되어 버린 것이다.

이 시기에 이문열 작가는 3년 동안 1,000권의 책을 읽었다. 책을 읽게 되자 작가지망생이 아닌 사람조차 작가가 될 수 있는 내공이 쌓인다는 것을 그는 본능적으로 알게 되었다.

수천 권의 책의 힘은 실로 대단하다. 그 어떤 믿음이나 확신이나 긍정이나 자기암시보다 더 위대한 것이 1,000권 책의 힘이다. 1,000권의 책을 읽고 그것을 전부 자기의 것으로 소화하자 이문열 작가는 자연스럽게 작가의 삶을 살 수 있었고, 그렇게 대한민국을 대표하는 작가가 되었던 것이다.

나는 내 인생을 걸고 당당하게 말할 수 있다.

"누구나 1,000권의 책을 읽으면 작가가 될 수 있다."

그런데 이 말은 너무 심하게 축소된 말이다. 1,000권의 책을 읽으면 누구나 작가가 될 수 있을 뿐만 아니라 인생이 바뀔 수 있다고 말하고 싶기 때문이다. 1,000권의 책을 읽은 사람은 더 이상 그 이전의 사람이 아니다. 전과는 전혀 다른 눈으로 자신과 세상을 볼 수 있는 그런 통찰력이 내면에 생겼고, 전에는 백 번 죽었다가 다시 살아나도 생각할 수 없었던 수만 가지를 쉽게 생각해낼 수 있는 유연한 사고력이 생겼기 때문이다.

이런 사람이 어떻게 그전의 사람과 동일한 사람이라고 할 수 있을까? 1,000권의 책을 읽기 전에는 토끼였던 사람이 읽고 나서는 호랑이가 되는 것과 다를 바 없다. 문제는 눈에 보이지 않을 뿐 내면에서는 그것보다 더 큰 변화와 도약이 생긴다는 사실을 친구들이 꼭 명심하기 바란다. 친구들은 토끼 같은 사람으로 평생 살고 싶은가? 아니면 호랑이 같은 사람으로 평생 살고 싶은가?

 **좋은 독서법**은
우물을 파는 방법과 같다

    내가 수많은 강연을 다니면서 가장 많이 받는 질문 중에 하나가 '올바른 독서법'에 대한 질문과 '독서를 잘하는 방법'에 대한 질문이다. 그때마다 장황한 설명을 하기 위해 힘을 썼다. 어떻게 한두 마디로 독서의 기술을 전부 전달할 수 있겠는가? 이것이 나에게는 고민이라면 고민이었다. 그러던 중에 어떤 책을 읽다가 조선 시대 선비 중에 한 명인 존재 위백규 선생에 대한 이야기를 접하게 되었다.

    그가 남긴 시문집인 《존재집》에 보면 독서의 방법에 대해 기가 막히게 잘 설명을 해놓은 부분이 나오는데, 나는 지금까지 독서하는 방법에 대해서 이처럼 멋지게 비유하여 설명해 놓은 글을 찾지 못했다. 그래서 무릎을 치고 고개를 끄덕이면서 열광했다. 내가 열광한 그의 독서하는 방법에 대한 글을 소개하겠다.

글을 지으려는 사람은 먼저 독서의 방법을 알아야 한다. 예를 들어 우물을 파는 사람은 먼저 석 자의 흙을 파서 축축한 기운을 만나게 되면 여기서 더 파서 여섯 자 깊이에 이르게 되고 그 탁한 물을 퍼내고 나서 또 더 파서 아홉 자 깊이까지 파내려 간다. 아홉 자의 깊이까지 판 후에야 맑고 맛이 있는 물을 만날 수 있게 된다. 이 물을 끌어올려 천천히 음미해보면, 그 자연의 맛이 그저 물이라 하는 것 이상의 그 무엇이 있음을 깨닫게 된다. 이 정도 깊이의 물이라야 물 이상의 가치가 있고, 그것을 마시는 사람들은 오장육부와 피부가 좋아지게 되고, 음식을 맛있게 할 수 있고, 고기도 익히고, 옷도 빨고, 땅에 물을 주어 어디든지 쓰이지 못할 데가 없게 된다. 하지만 우물을 판다고 해놓고서는 겨우 석 자 깊이 정도만 파고 나서 얻게 된 젖은 흙을 가져다가 부엌 아궁이의 모서리에나 바르면서 우물을 판 보람으로 삼는 일은 절대 있어서는 안 되는 일이다.

독서하는 방법을 배우는 것은 바로 이것과 같다. 우물을 파는 사람이 석 자 깊이 정도만 판 후에 축축한 흙을 얻어서 그것이 독서의 효과인 양 즐거워하고 그것에 보람을 느끼게 되면 그 사람은 우물의 달고 맛있는 물맛을 볼 수 없게 된다. 하지만 석 자 깊이, 여섯 자 깊이에서 멈추지 않고 더 나아가면 달고 맛있는 맑은 물이 있는 아홉 자 깊이를 만나게 된다. 독서의 신들은 모두 아홉 자 깊이까지 우물을 파 내려가서 달고 맛있는 물맛을 본 사람들인 것이다.

독서법은 우물을 파는 방법과 비슷하기 때문에 끈기와 인내가 필요하고 많은 시간이 필요하다. 바로 이런 이유 때문에 그토록 수많은 친구들이 제대로 된 독서법을 발견하거나 만들거나 익히거나 숙달하지 못한 채 그저 석 자 깊이의 축축한 흙만 파내면서 스스로 자기 자신을 속이는 현상을 반복하게 되는 것이다.

세상의 모든 일이 그렇지만 독서법을 배우는 것과 독서를 통해 큰 인생을 만들어 가는 것은 모두 사막을 건너는 것과 같다. 사막을 건너기 위해 가장 필요한 것은 인내심이다. 그래서 사막에서 오아시스를 만나기 전에 사람을 갈증 나게 하여 죽게 만드는 것은 사막의 환경이 아니라 그 환경에 지배당해 마음속에 생겨나는 조바심이다.

사막을 건널 때 조바심을 느끼게 되고, 조급함을 이겨내지 못하는 사람은 사막에서 살아남을 수 없게 된다. 독서법을 배우는 것, 독서를 한다는 것도 사막을 건너는 것과 다르지 않다. 우물을 파는 것, 사막을 건너는 것, 독서를 한다는 것, 독서법을 배운다는 것은 모두 많은 시간과 엄청난 인내를 필요로 한다.

PART 5

1323청춘을 위한
기적의 독서법

폐족몰락한 집안으로서 잘 처신하는 방법은 오직 독서하는 것 한 가지밖에 없다. 독서라는 것은 사람에게 있어서 가장 중요하고 깨끗한 일일 뿐만 아니라, 호사스런 집안 자제들에게만 그 맛을 알도록 하는 것도 아니고 또 촌구석 수재들이 그 심오함을 넘겨다볼 수 있는 것이 아니기 때문이다. 반드시 벼슬하는 집안의 자제로서 어려서부터 듣고 본 바도 있는데다 중간에 재난을 만난 너희들 같은 젊은이들만이 진정한 독서를 하기에 가장 좋은 것이다. 그들이 책을 읽을 수 없다는 것이 아니라 뜻도 의미도 모르면서 그냥 책만 읽는다고 해서 독서를 한다고 할 수 없기 때문이다.

다산 정약용

 # 필기하고 메모하는
노트 독서법

15세기 르네상스 시대를 대표하는 위대한 천재 레오나르도 다 빈치 Leonardo Da Vinci는 어쩌면 인류 역사상 최고의 천재인지도 모른다. 17~18세기를 대표하는 위대한 과학자 아이작 뉴턴 Isaac Newton은 과학 혁명을 주도한 위대한 인물이다. 이러한 위대한 천재들에게는 공통점이 있다. 그것은 바로 노트의 달인이라는 점이다.

레오나르도 다 빈치는 평생 7천여 페이지에 달하는 위대한 노트를 작성했고, 쓰고 메모하고 그리는 행동을 쉬지 않았다고 한다. 특히 그는 양손을 다 사용하여 노트에 메모하기도 했고, 왼손을 사용해서 역방향으로 글씨를 써내려가기도 했다. 그 덕분에 후대의 사람들이 그의 노트를 보려면 거울을 사용해야 하는 불편함도 감내해야 했다.

아이작 뉴턴은 매우 체계적인 노트 정리를 했던 인물로 알려진다. 그는 45개의 소제목을 만들었다. 그리고 그 아래에 독서를 통해 얻은 것들을 정리했다. 그저 책의 내용을 정리하는 수준을 뛰어넘어 자신이 읽은 책에 대해 항상 질문을 던졌고, 그러한 질문을 통해 엄청난 사색을 능동적으로 하는 그런 메모 노트 독서법이었다. 가장 유명한 뉴턴 학자 중에 한 명인 리처드 웨스트폴의 저서인 《프린키피아의 천재》란 책에 보면 이러한 사실이 잘 설명되어 나온다.

뉴턴은 평생 노트에서 손을 떼지 않았고, 그 노트가 의미하는 것은 깊은 사색이었다. 그는 독서를 하면서 노트에 무수히 많은 질문들을 던지며 글을 쓴 것뿐만 아니라 무엇인가에 대한 이해를 했을 경우에도 항상 노트에 가장 먼저 기록을 했다.

그렇다면 왜 노트 독서법이 중요하다는 것일까?

노트에 글을 쓴다는 것은 자신의 생각을 스스로 창조해낸다는 것이고, 그것을 정리하고 요약한다는 것이다. 그래서 노트에 글을 쓰는 것이 두세 번 생각을 되풀이하는 것보다 훨씬 더 큰 효과가 있다. 내가 생각하기에 노트는 알라딘의 요술램프이고, 하늘을 나는 마법의 담요다. 놀랍게도 생각을 정리해주고, 먼 곳까지 자신의 생각이 미치도록 해준다. 즉, 노트에 글을 쓰고 정리하고 메모한다는 것은 멀리 도달할 수 없는 부족한 생각을 눈 깜짝할 사이에 넓혀주고 보완해주고 다듬어주는 것이다.

그런 점에서 10대 때부터 자기의 삶과 독서에 대해 노트에 글을 쓰는 친구들과 그렇지 않고 생각만 하면서 하루하루를 보내는 친구들은 겉보기에는 별반 차이가 나지 않겠지만 십 년 후, 혹은 이십 년 후에는 엄청난 격차가 발생하게 될 것이다.

노트 독서법은 눈으로만 읽는 그런 획일적인 독서법을 보완해주고 생각을 좀 더 깊게 할 수 있게 도와주는 매우 좋은 독서법이다. 아직까지 눈으로만 독서를 했기 때문에 독서 노트가 없는 친구들은 빨리 노트를 구입해서 자신만의 독서 노트를 만들어보자.

노트에 무엇인가를 기록하고 남긴다는 것은 자기 자신의 뇌에 천재의 마법을 거는 것과 같다. 마법이라는 것은 상대가 누구든 걸리기만 하면 똑같이 놀라운 상태로 바뀌는 것이다. 아무리 머리가 나쁜 친구라고 해도 노트라는 마법은 놀랍게 자신을 천재로 바꾸어줄 것이다.

독서 노트

날짜: .   .

1. 이 책은

제목 :

저/역자 :   출판사 :

2. 내용

주요 내용 :

핵심 문장 :

핵심 표현 :

3. 책의 견해

작가의 주장과 의견 :

4. 나의 견해

주제에 대해 :

① 책 읽기 전:

② 책 읽은 후:

만약에 내가 저자였다면

5. 무엇을 생각했는가?

배운 점:

느낀 점:

깨달은 점:

기타:

★★★

6. 한 문장으로 요약 :

노트 독서법, 이렇게 한다!

1. 제목과 저자, 날짜를 기록한다.

이것은 나중에 이 책에 대한 기억을 돕기 위해서 반드시 필요한 기본 원칙이다.

2. 책을 읽으면서 동시에 책의 주요 내용, 핵심 문장, 중요 표현 등을 기록한다.

책을 읽으면서 가장 중요한 내용이라고 생각하는 부분, 그리고 가장 인상 깊었던 문장, 가장 핵심이 되는 표현 등을 책 쪽수와 함께 기록하면서 책을 읽는다. 이 과정에서 중요한 것은 책을 읽는 독해 과정과 중요한 부분을 옮겨 쓰는 초서 과정이다. 이 과정이 끝난다고 해서 독서가 완전하게 마무리된 것은 절대 아니다. 이 과정은 어디까지나 2번째 단계이며 진짜 노트 독서법의 30~50퍼센트에 해당하는 부분에 불과하다. 책을 전체적으로 다 읽고, 중요한 부분을 메모했다면 세 번째 단계로 넘어가야 한다.

3. 작가의 뇌 속에 들어가 작가의 생각과 견해를 탐구하고 살펴본다.

이 단계는 책의 저자에 대해 통찰하는 과정이다. 그래서 작가의 주장과 견해에 대해서 깊이 있게 탐구해보는 작가 관찰의 시간이며, 그렇게 작가의 주장과 견해를 객관적으로, 책의 내용을 토대로 기록하는 과정이다. 이때는 반드시 자신의 견해가 아닌 작가의 견해를 기록해야 한다. 그렇게 하기 위해서는 잠시 자신을 비우고, 작가의 뇌 속에 들어가야 한다. 바로 이때 엄청난 사고의 도약을 경험할 수 있게 된다. 자신의 머리가 아닌 작가의 머리로 생각하고 상상하고 세상을 바라보는 훈련을 하는 과정이 바로 이 단계다.

4. 책 읽기 전과 후의 자신의 견해와 자신이 저자였다면 이 책과 어떻게 다른 책을 썼을 것인지 기록한다.

이 단계는 자기 자신의 견해, 생각, 책 읽기 전에 가지고 있던 의견을 간단하게 메모하는 것으로 시작해서, 책을 읽은 후에 자신의 생각이나 의견이 어떻게 변화되어 갔는지를 메모하는 과정으로 나아가야 한다. 이렇게 하는 이유는 나중에 이 노트를 통해, 이 책을 통해 자기 자신의 생각이 어떻게 진화되어 갔는지를 한눈에 보기 위해서다. 그리고 이 단계에서 또 한 가지 빼놓을 수 없는 과정이 '만약에 내가 저자였다면' 과정이다. 이 과정을 통해 자신이 만약에 저자였다면 이 책과 좀 더 다른 방식의 책을, 좀 더 다른 내용으로, 좀 더 다양하게 혹은 좀 더 다른 성격으로 집필했을 것이라는 자신의 생각을 솔직하게 노트하는 과정이다. 이 과정은 자신이 나중에 책을 쓸 수 있는 그런 사람으로 성장하는 데도 도움이 되고, 무엇보다 자신의 사고력을 향상시켜 주는 데 매우 중요한 독서 활동이다. 대부분의 사람들이 그저 책을 읽고 이해하고 수용하는 것으로 독서를 했다고 말하지만, 노트 독서법의 3단계와 4단계를 통해 한 권의 책을 읽어도 100권의 책을 읽은 것보다 더 큰 사고와 경험의 도약이 이루어지게 되는 것이다.

5. 이 책을 통해 배운 점, 느낀 점, 깨달은 점 등등을 기록한다.

책을 읽고 나서 모든 것을 종합하는 과정이다. 자신이 배운 점, 느낀 점, 깨달은 점, 그리고 이 책이 자신의 인생이나 생활에 큰 영향을 끼치게 된 점, 앞으로 자신의 행동이나 태도가 이 책을 통해 바뀌게 된 점 등을 상세하게 기록한다.

6. 이 책의 내용은 자신만의 언어를 통해 한 문장으로 표현해본다.

중국에는 손자병법을 천 번 읽게 되면 도통한다는 말이 있다. 이처럼 한두 번 독서를 했다고 그 책을 완벽하게 소화했다고 할 수 없다. 그런데 한두 번의 독서를 통해서도 이러한 노트 독서법으로 훈련을 하면, 최소한 많은 것을 자신의 것으로 소화할 수 있고, 얻어낼 수 있다.

한 권의 책을 읽었다면 반드시 한 문장으로 요약하는 훈련을 해야 한다. 이 훈련이 엄청난 도움이 될 것이다. 명심하라. 자기 자신만의 언어로 표현하지 못한다면 그것은 모르는 것과 다름없고, 읽지 않은 것과 다름없다. 노트 독서법의 가장 핵심은 한 권의 책을 한 문장으로 제대로 요약해 낼 수 있는 능력을 기르는 것이다. 그리고 이렇게 할 수 있게 되기 위해서는 3단계, 4단계, 5단계가 모두 필요하다.

대부분의 사람들은 2단계 중에서 책을 눈으로 읽고 이해하고 수용하는 과정만을 독서라고 말한다. 하지만 노트 독서법은 타인이 독서라고 말하는 그 과정에 초서법을 추가하여 2단계라고 말하고, 여기에 노트를 통해 자기 자신만의 사고 훈련을 좀 더 많이 명확하게 할 수 있게 해주는 독서법이다. 노트 독서법을 통해 눈에 보이는 책의 내용뿐만 아니라 눈에 보이지 않는 것까지 볼 수 있는 통찰력과 사고력을 키울 수 있고, 한 권의 책을 한 문장으로 요약하는 과정을 통해 자기 자신만의 언어로 표현하는 표현력도 향상시킬 수 있다. 천재들이 자신

만의 노트를 가지고 있었던 이유도 바로 여기에 있다고 할 수 있다. 노트는 인간의 부족한 사고력, 기억력, 표현력, 통찰력을 몇 배나 더 향상시켜 준다는 데 매우 큰 의미와 가치가 있다.

기억하라. 자기 자신만의 언어로 한 권의 책을 한 문장으로 표현할 수 없다면 책을 읽은 것이 아니다.

 매일 쓰는 독서 일기를 통한
일기 독서법

    나는 일기 쓰는 것을 매우 좋아했다. 초등학교 때 기억에 남는 일 중에 하나가 내가 직접 쓴 일기장이 수십 권 있었다는 사실이다. 내가 작가가 될 수 있었던 것은 어쩌면 초등학교 시절에 아무 생각도 없이 휘갈겨 써내려간 수많은 일기 덕분인지도 모른다는 생각이 든다. 무턱대고 일기를 쓰는 것보다 일기와 독서를 결합하면 훨씬 더 나은 효과를 얻게 될 것이라는 것이 나의 지론이다. 그래서 나는 시간만 나고 틈만 나면 아기자기한 예쁜 노트를 사랑하는 자녀들에게 사준다. 심지어 아직 글자도 모르는 아들에게도 사준다.

    일기는 한 사람의 위대함을 잘 드러내는 행동이기도 하다. 나는 일기 독서법을 생각해내면서 이순신 장군을 빼놓을 수 없었다. 이순신 장군은 세종대왕과 함께 우리 후손들이 반드시 잘 알아야 하고 위대함을 배워야 하는 인물 중 한 명이다. 그가 그렇게 위대한 인생을 살아갈 수 있는 원동력이 되어 준 것이 바로 일기가 아닐까, 라고 나는 생각한다. 전쟁을 치르면서 일기를 쓴다는 것은 결코 쉬운 일이 아니다. 하지만 그의 위대함은 바로 그러한 일기를 통해서 나오는 것이 아닌가, 하는 생각을 하게 된다. 친구들도 1323세대 때부터 꾸준히 일기를 쓰면서 그것을 독서와 결부시켜 발전시켜 나간다면 위대한 인물이 되고도 남을 것이다.

이순신 장군이 왜선보다 훨씬 적은 배를 가지고도 전승무패의 기록을 세운 것은 기적과 같은 일이었다고 할 수 있지만, 그가 평소에 엄청난 독서를 통해 내공을 쌓았다는 사실을 알게 된다면 그것이 기적이 아니라 철저한 준비와 독서 덕분이었다는 사실을 알게 될 것이다. 그는 임진왜란이 발발하던 1592년부터 7년 동안 거의 매일 일기를 쓰면서 자신의 인격을 수양하며, 자신을 발전시켜 나갔다. 그 일기가 바로 《난중일기》이다.

평소에 엄청난 독서를 통해 내공을 쌓은 덕분에 그는 학익진이라는 병법을 우리 수군과 바다에 잘 들어맞는 새로운 병법으로 재창조해낼 수 있었고, 그러한 공부의 결과는 결국 위대한 승리로 이어졌다. 친구들도 반드시 일기 쓰는 것을 독서와 연관 지어 자신만의 일기 독서법을 만들어 나가 보는 게 어떨까?

 함께 대화하고 나누는
토론 독서법

　이미 많은 이들이 사용하고 있는 독서법 중에 하나가 바로 토론 독서법일 것이다. 혼자서 책을 읽고 그것을 자기 혼자 가지고 있으면 금방 잊어버리게 되고, 얻는 것이 별로 없다. 하지만 똑같은 책을 읽은 사람들끼리 그 책에 대해서 다양한 견해와 생각을 나누면서 토론을 하게 되면 생각이 깊어지고 넓어지게 된다. 그렇게 되면 독서를 혼자 하고 정리하는 것 이상으로 큰 도움이 될 수 있다. 하지만 문제는 많은 책을 볼 수 없다는 것이다.

　생각해보자. 한 사람이 집중적으로 많은 책을 읽고 그것을 정리하고 노트하여 자신의 것으로 소화시키는 것은 얼마든지 자신의 수준에 맞게 많이 할 수 있다. 그래서 독서의 기술이 좋아질수록 혼자서 해야 한다. 자신의 속도를 맞출 수 있는 사람을 찾기가 점점 더 어려워지기 때문이다. 자기 자신은 하루에 서너 권의 책을 읽고 충분히 소화할 수 있는데 다른 친구는 하루에 한 권도 읽기 힘들다면 어떻게 독서 토론을 함께할 수 있을까?

그런 점에서 토론 독서법은 독서의 기술이 중급이나 상급인 사람에게는 어울리지 않는 독서법이라고 나는 생각한다. 하지만 독서 초보자들에게는 생각하는 것보다 훨씬 더 좋은 독서법이다. 이것은 수영을 처음 배우는 사람들이 누군가의 손을 잡고 다리 차기를 연습하거나 가랑이 사이에 무엇인가를 넣고서 몸이 잘 뜨게 한 후에 수영 연습을 하는 것과 다르지 않다. 독서의 기술이 전혀 없는 사람들에게 이 방법은 최고의 방법일 수 있다. 하지만 명심해야 할 것은 독서의 기술이 어느 정도 향상된 후에는 독서법을 바꾸어야 한다는 사실이다.

독서 토론을 통해서 어느 정도 독서에 자신감이 붙었다면 그때는 혼자만의 독서법을 찾아야 한다. 평생 독서 토론 모임에 나갈 수는 없다. 이 독서법을 독서 초보에게만 권장하는 또 다른 이유는 이 방법이 너무 많은 시간과 노력과 에너지와 장소 등을 필요로 한다는 사실 때문이다. 최소한 독서 토론을 하기 위해서는 다섯 명 이상이 필요하다. 그렇다고 해서 너무 많은 이들이 있으면 자신의 발언 기회가 줄어들기 때문에 효과가 적어진다. 그렇기 때문에 소모임을 할 정도의 인원이 최상이다.

위대한 천재들이나 어린 자녀들일수록, 특히 10대 때는 토론 독서법이 매우 효과적이고 독서의 기술을 익히는 데 매우 좋다고 나는 생각한다. 독서의 기술 중에 핵심은 사색하는 훈련을 길러야 한다는 것이다. 그런데 독서의 초보들이 가장 못하는 것이 사색하는 훈련이다. 토론 독서법을 하게 되면 자연스럽게 질문을 던져야 하고, 자신의 발언에 대한 질문을 받게 되면 대답을 해주어야 하기 때문에 사색하게 되며, 생각을 확장시켜 나가는 훈련을 할 수 있게 된다.

그런 점에서 10대들에게 가장 추천하는 독서법이 어쩌면 토론 독서법인지도 모르겠다. 물론 자신의 독서 기술이 중급자 이상이면 이 방법에서 탈피하여 중급에 맞는 독서법을 선택하고 만들어 나가야 한다는 사실만 기억해주기 바란다.

토론 독서법은 독서의 효과뿐만 아니라 사회생활을 할 때 반드시 필요한 커뮤니케이션 능력을 향상시켜 준다는 점에서도 매우 유익한 독서법이다. 토론을 잘하기 위해서는 상대방에 대한 배려와 경청이 반드시 필요하고, 여기에 자신의 견해를 간단한 말로 표현하는 스킬도 필요하며, 자신의 견해와 상대방의 견해를 통합해서 분석하고 판단하는 능력도 필요하다. 그래서 토론 독서를 하게 되면 독서 이외에도 다양한 능력을 기를 수 있게 되고, 다양한 것들을 훈련할 수 있게 된다.

토론 독서법, 이렇게 한다!

토론 독서법에 대한 실제 예를 한 가지 소개해보겠다. 먼저 지금 가장 이슈가 되는 책인 저자의 인생 역전 도서관 스토리 《나는 도서관에서 기적을 만났다》라는 책에 대해서 토론하는 경우를 설명해보겠다.

1. 토론할 친구를 모집한다.

소그룹은 5명에서 10명, 중그룹은 20명 이상으로 하는 것이 좋다. 친구들끼리 할 경우에는 제대로 된 토론이 될 수 없는 경우도 있다. 토론은 말 그대로 논쟁이다. 논쟁을 통해 사고력을 향상시키고, 표현력을 기르고, 상대방에 대한 이해력을 키울 수 있다. 이 경우 독서 토론회에 가입되어 있어서 활동 중인 친구들이라면 그쪽에서 선정해준 책을 먼저 읽고 토론회에 참석하면 된다. 하지만 그런 토론회에 가입되어 있지 않고 개인적으로 토론 독서법을 추진하고자 하는 친구라면, 먼저 함께 토론할 수 있는 친구들을 모아야 한다. 가급적이면 자신과 비슷한 나이, 비슷한 수준이면 좋다. 하지만 여기에 너무 얽매이면 안 된다. 다양한 의견과 견해를 경험한다는 것이 토론 독서법의 가장 큰 장점이기 때문이다. 직장인인 경우에는 다양한 직업, 다양한 분야의 사람들이 모인 토론회가 가장 좋다. 다양한 의견과 견해가 나올 수 있기 때문이다.

2. 토론할 책을 선정하여 그룹에 알리고 토론할 시간과 장소를 정한다.

《나는 도서관에서 기적을 만났다》라는 책을 선정했다면, 선정 이유와 간략한 개요를 말해준다. 그리고 이때 반드시 대립되는 쟁점 사안에 대해 몇 가지를 말해주어야 한다. 그 쟁점 사안을 위주로 책을 읽어 오는 사람들이 있어야 토론이 원활하게 진행되기 때문이다. 여기서 제시할 수 있는 쟁점 사안은 '도서관에서 책을 읽으면 누구나 기적을 만날 수 있는 것인가'로 할 수 있겠다. 또 다른 쟁점 사안으로는 '도서관이 정말 좋은 곳인가?' 혹은 '생업을 포기하고 도서관에서 책만 보는 것은 올바른 선택인가?' 등이 있다. 이러한 주제에 대한 찬성과 반대 의견을 확정한 후 반론에 대한 답변을 충분히 준비한 후 토론에 참석하도록 한다.

3. 토론 주제에 맞게 토론을 실시한다.

토론이 시작되면 이미 친구들은 다양한 각도에서 자기 자신만의 주관을 확고

하게 세운 상태가 된다. 따라서 토론에 참석한 모든 사람들은 돌아가면서 책을 읽은 후 자신이 느낀 점에 대해 5분 내외로 발표를 한다. 다른 사람의 발표를 들으면서 이 책에 대한 사고력을 또 한 번 확장시킬 수 있다.

발표가 끝나면, 본격적으로 토론에 들어간다. 쟁점인 '도서관에서 책을 읽으면 누구나 기적을 만날 수 있는 것인가?'에 대해 찬성하는 친구들과 반대하는 친구들을 나눈 후 각자의 생각에 대해 주장을 펼치고, 이에 대해 상대방이 반론을 펼치게 한다. 하지만 여기서 무조건 자기 자신의 의견만이 옳다고 마음의 문을 닫아버린 채 토론을 하는 것은 옳지 않다. 자신의 생각을 끝까지 고수하는 것이 중요한 것이 아니라 좀 더 옳은 의견이 나왔을 때는 충분히 그 의견을 수용하고, 그로 인해 자신의 생각을 좀 더 날카롭게 향상시켜 나가는 것이 중요한 것이다.

토론 독서법을 통해 개인의 독서 활동이 집단의 독서 활동으로 확장되고, 개인적 사고 과정에서 집단적 사고 과정으로 범위가 넓어지면서 사고의 수준이 높아지고 넓어지는 것을 반드시 경험해야 한다. 그렇게 하기 위해서 토론을 하는 과정에서 타인의 주장과 견해를 반드시 경청해야 한다. 더불어 자신의 주장과 견해가 다를 수도 있고, 더 보충하고 개선해야 할 점도 있을 수 있다는 자세를 가져야 한다. 그리고 토론을 통해 좀 더 넓은 관점을 경험하게 되었다면 반드시 그것에 대해 자신의 말로 표현해야 할 필요가 있다.

원활한 진행을 위해서는 중간에서 토론을 진행할 사회자를 한 명 선정하여 쟁점에 대한 서술, 찬성과 반대 의견자에 대한 발표 유도 및 토론 진행을 하게 하는 것도 좋다.

4. 토론 독서의 전 과정을 자신의 토론 노트에 기록한다.

기록은 노트 독서법이 아니더라도 반드시 해야 한다. 자신의 글로 토론 독서를 통해 넓어진 관점과 깊어진 사고를 기록할 때 토론 독서의 효과가 높아지는 것이다. 이 과정을 통해 자기 자신이 아닌 타인의 주장과 견해를 통해 더 넓은 사고의 세계로 나아갈 수 있게 된다. 타인의 생각을 통해 자신의 생각을 담금질하고 연단을 받게 되는 독서법이 토론 독서법이다. 반드시 몇 가지 쟁점을 정한 후 그 쟁점에 대해서 찬성과 반대를 나누고 그 견해와 근거를 말하게 하는 이유는 그러한 쟁점이 없을 경우 그냥 자신의 느낌이나 견해만 말하고 토론이 끝나버리게 되는 경우가 많기 때문이다.

토론 독서법은 시간과 노력이 많이 걸린다는 단점이 있지만, 그럼에도 자신의 생각을 타인을 통해서 검증받을 수 있고, 생각을 좀 더 담금질할 수 있는 독서법이라는 점에서 가치가 있다. 남과 다르다고 해서 그것이 틀렸다는 것은 절대 아니다. 그러므로 자신의 생각을 당당하게 말할 수 있는 용기도 필요하고, 타인의 생각에 공감할 수 있는 능력도 배우고, 소통할 수 있는 경험도 배울 수 있는 것이 토론 독서법이라고 할 수 있다.

토론 독서를 하기 위해서는 반드시 쟁점, 좋은 점, 나쁜 점, 자신이 주장할 내용, 반론에 대비한 답변 등을 생각하면서 책을 읽어야 한다. 그렇기 때문에 수동적인 독서에서 탈피할 수 있다.

스마트폰을 활용한
스마트 독서법

    내가 10대 때는 휴대폰을 가지고 다니는 아이들이 없었다. 물론 휴대폰을 가지고 다니는 어른들도 거의 없었다. 그러다가 갑자기 모든 국민이 어느 순간 휴대폰을 사용하고 있었다. 지금은 대부분의 국민이 휴대폰보다 몇 배 더 복잡하고 어려운 기술력으로 만들어진 스마트폰을 사용하고 있다. 그만큼 이 시대는 빠른 성장과 발전을 거듭하고 있다.

    친구들이 30대가 되고, 40대가 되었을 때는 지금보다 훨씬 더 많은 발전이 이루어졌을지도 모른다. 그때 과연 종이책은 어떻게 진화해 있을까? 그것이 정말 궁금하다.

    나는 종이책은 인류 역사가 지속되는 한 영원히 함께 갈 것이라고 생각한다. 그래서 독서의 9할은 종이책으로 한다. 하지만 불가피하게 책을 들고 볼 수 없는 공간이나 환경 속에서는 스마트폰을 최대한 활용하여 독서의 맛이라도 느껴볼 것이다.

스마트폰에는 유용한 독서 관련 애플리케이션이 많다. 특히 내가 좋아하는 애플리케이션은 무료로 '논어'를 볼 수 있는 것이다. 스마트폰에는 이런 무료 애플리케이션이 차고 넘친다. 나는 '논어', '손자병법', '김소월', '도덕경', '삼국지', '오자병법' 등과 같은 무료 애플리케이션을 깔아 놓고 책을 볼 수 없는 상황에서 이 책들을 읽는다.

놀라운 사실은 이런 애플리케이션이 생각보다 훨씬 더 유용하다는 것이다. '논어'의 경우 그 어떤 해설서보다 원문을 정확히 읽을 수 있고, 가장 간결하고 명확한 해설이 담겨 있기 때문에 요약하고 정리하는 용도로는 스마트폰을 사용하는 것보다 더 나은 방법은 없다.

논어와 관련된 많은 책들을 종이책으로 읽고 생각을 깊게 한 후에 버스를 타고 이동하거나 학교 수업 시간 사이의 쉬는 시간, 점심시간 그리고 약속한 친구를 기다리는 시간, 버스를 기다리는 시간, 엘리베이터를 기다리는 시간과 타고 오르내리는 시간 등 자투리 시간에 읽기 좋은 독서 방법은 바로 쉽고 간편하게 휴대하기 쉬운 스마트폰을 활용한 독서법이다.

물론 모든 독서를 스마트폰을 통해서 해서는 안 된다. 스마트폰으로 읽는 것과 종이책으로 읽는 것에는 매우 큰 간격과 차이가 있기 때문이다. 읽고 이해하고 기억에 남는 정도가 종이책이 훨씬 더 앞서 간다는 사실을 알아야 한다. 종이책을 읽을 수 없는 상황에서 가장 활용하기 좋은 스마트폰을 이용하여 독서의 맥을 이어가는 것이다.

어떤 책을 스마트폰으로만 읽었다고 해서 그것을 읽었다고 해서는 안 된다. 즉, 종이책을 통해서 제대로 읽은 후에 다시 한 번 그것을 복습하거나 정리하고 요약하기 위해서 스마트폰을 활용해야 한다. 그 책의 애플리케이션을 다운로드하여 읽는 것은 한 권의 책을 여러 번 읽는 독서법으로 매우 좋은 방법이기도 하다.

이왕 스마트폰을 사용할 것이라면 독서에도 활용할 수 있는 친구들이 매우 현명한 친구들이 아닐까? 스마트폰으로 게임만 하는 친구보다는 스마트폰으로 독서를 하고, 요약하고 정리하는 그런 친구들이 훨씬 더 성공적인 삶을 살아갈 수 있을 것이다.

한국이 스마트폰 보급률에서 세계 1위라는 기사를 보았다. 이러한 사실을 반증이라도 하듯 버스나 지하철을 타면 대부분의 사람들이 스마트폰을 사용하고 있다. 스마트폰 보급률 1위에 걸맞게 독서하는 국민 세계 1위가 되었으면 좋겠다.

# 고래에게 배우는
고래 독서법

어제 저녁에 나는 《피노키오》라는 명작 동화를 읽었다. 사실은 내가 읽은 것이 아니라 우리 집에 다섯 살 난 아이를 위해서 내가 소리 내어 읽어주었다. 그 책을 보면 피노키오라는 주인공 아이가 바다에서 놀다가 갑자기 고래 뱃속으로 빨려 들어가는 이야기가 나온다.

여기서 내가 느낀 점은 고래는 정말 이것저것 안 따지고 무조건 뱃속에 넣어 버린다는 것이었다. 고래들은 바닷속에서 헤엄치면서 자신의 큰 입을 100퍼센트 활용하여 엄청난 양의 물고기와 함께 바닷속의 잡동사니와 찌꺼기를 입 속으로 삼켜 버린다.

고래 뱃속을 한 번 탐험해볼 기회가 있는 친구들은 그 뱃속에 없는 것이 없을 정도로 온갖 종류의 물건들이 다 들어가 있다는 것을 알게 될 것이다. 심지어 수영을 하던 사람들이 분실한 수경이나 안경, 카메라나 모자 등을 쉽게 발견할 수 있을 것이다. 그렇게 엄청난 잡동사니를 자신의 큰 입을 통해 뱃속에 집어넣은 고래는 그 다음에 영양가가 없는 물과 잡동사니는 자신의 큰 숨구멍을 통해 물기둥처럼 쭉 뿜어내 버린다.

바로 이러한 과정을 통해서 고래는 엄청난 양의 식사를 할 수 있고, 생존해 나갈 수 있는 것이다. 만약에 고래가 낚시꾼들처럼 바다에 한두 개의 낚싯줄을 던져 놓고 한두 마리의 물고기를 잡아서 먹는 식이라면 아마도 고래들은 자신의 그 큰 덩치를 지탱해줄 수 있는 음식을 매일 먹지 못해서 굶어 죽을지도 모른다. 어떻게 보면 조금 무식해 보일지도 모르지만 큰 덩치를 유지해야 생존할 수 있는 고래에게는 이 방법이 가장 현명하고 효과적으로 먹이를 먹는 방법인 것이다.

그런데 고래가 먹이를 먹는 방법은 내가 독서를 시작했을 때 초기에 사용했던 독서 유형과 매우 닮아 있다. 내가 그렇게 독서를 한 이유에는 여러 가지 이유가 있다. 지식 정보화 시대를 빠르게 지나가고 있는 인류에게 읽어야 할 책들은 기하급수적으로 늘어나고 있다. 수억 권이 넘는 책을 어떻게 다 읽을 수 있을까? 하지만 위대한 인생을 살기 위해서는, 아니면 자기 자신만의 눈부신 인생을 살기 위해서는 엄청난 책들을 읽어 보고 그것들을 자신의 의식과 양식으로 삼아야 할 필요가 있다.

문제는 엄청나게 많은 책들 중에서 자기 자신에게 매우 유익하고 좋은 책들이 어떤 책이 될지 다 읽어보기 전에는, 최소한 몇 페이지라도 읽어보기 전에는 판단하기 힘들다는 것이다. 그렇기 때문에 많은 책을 빨리 읽어보고 나서 좋은 책은 그 책의 내용을 자신의 의식과 양식으로 삼고, 나쁜 책은 고래가 숨구멍으로 물을 뿜어내듯 그렇게 뿜어내 버려야 한다.

그렇게 하기 위해서는 책을 적게 읽으면 할 수 없다. 많은 책을 읽은 후에 자신의 견해를 중심으로 판단하고 선택해야 하는 것이다. 망망한 지식과 정보, 철학과 사상이 넘치는 책의 바다에서 친구들이 읽어야 할 좋은 책들은 무척이나 많다. 하지만 그 책들 중에는 읽으면 오히려 독이 되는 그런 책들도 많다.

그러므로 읽으면서 모든 것을 그저 수동적으로 받아들이지 말고 고래처럼 읽은 후에 숨구멍을 통해 내뿜을 수 있는 그런 독서를 해야 한다. 하지만 그 전에 많은 책을 고래처럼 받아들이고 흡수하는 것을 가장 먼저 해야 한다. 그렇게 했을 때 좋은 책과 나쁜 책을 구별해낼 수 있고, 구별해야 할 책들이 많은 친구들이 고래처럼 자신을 큰 거인으로 만들어 나갈 수 있다.

많은 것을 변화시키고 싶다면 많은 것을 받아들여야 한다. 많은 것들이 뒷받침되어야 멋지고 높은 빌딩도 만들 수 있는 것이다. 하물며 인생은 어떠할까?

당연히 책을 한두 권밖에 읽지 않은 친구들은 한두 권만큼의 인생을 만들 수밖에 없다. 재료가 없으면 큰 빌딩을 지을 수 없듯이, 읽은 책, 받아들인 책이 적으면 큰 인생을 만들어낼 수 없고 살아갈 수 없다. 이것은 아무리 좋은 스포츠카라도 연료가 없으면 서울에서 대전도 갈 수 없는 것과 같다. 하지만 연료가 무궁무진한 차는 세계 일주를 하고도 남는다. 고래와 같이 큰 인생을 살고 싶다면 고래 독서법을 통해 가능하면 많은 책을 받아들여야 한다.

고래 독서법, 이렇게 한다!

고래 독서법에서 가장 중요한 과정은 다양한 책들, 다른 성격과 주제의 책들을 최대한 많이 자신의 의식과 내면에 집어넣는 것이다. 그렇기 때문에 고래 독서법에 있어서 가장 중요한 사항은 수많은 책들을 닥치는 대로 탐독하는 것이다.

1. 도서관이나 서점에 간다.

고래 독서법은 집에서 읽는 한두 권의 책, 혹은 수십 권의 책으로는 불가능한 독서법이다. 반드시 도서관 혹은 큰 서점에 가야 한다. 필자는 절대적으로 도서관을 추천한다. 서점은 눈치가 보이고 마음껏 책을 읽을 수 있는 환경이 도서관에 비해서 열악하다. 도서관에 가면 수백, 수천 권의 책을 마음껏 들춰볼 수 있다.

2. 도서관에서 수십 권의 책을 닥치는 대로 탐독한다.

가장 중요한 2단계 팁은 도서관 서재의 한 장소를 선택해서 그 장소에 있는 책들을 다 탐독하는 것이다. 마치 에디슨이 그랬던 것처럼 도서관 서재의 한쪽 끝에서 시작해서 마지막 책까지 다 읽어버리는 것이다. 이 경우 날짜를 정해서, 오늘은 도서관의 책 중에서 첫 번째 서재의 왼쪽 맨 위에서부터 시작해서 어디까지 읽었다는 것을 표시하는 것이 매우 중요하다. 다음에 왔을 때 읽었던 데부터 다시 시작해야 하기 때문이다.

3. 닥치는 대로 읽었던 책들을 기록한다.

인간의 기억력은 매우 나쁘다. 그것도 기록하고 메모하지 않으면 더 기억하기 힘들어진다. 고래 독서법의 기록과 메모는 노트 독서법의 그것과는 전혀 성격이 달라야 한다. 고래 독서법의 독서 기록은 읽은 날짜와 책 제목, 저자 위주로 간단하게 기록하는 정도여야 한다.

4. 자신이 읽었던 책들을 노트에 기록한 상태에서 그것들을 하나로 통합하는 훈련을 한다.

고래 독서법의 기록 노트에는 그야말로 다양한 주제의 책들이 기록되어 있을 것이다. 이 책들을 하나로 통합하고 연결하는 훈련을 해보는 것이다. 그리고 그 결과를 그 노트의 빈 공간 마지막 여백에 한마디로 정의해버리는 것이다. 세상의 다양한 것들의 본질을 통찰하여 그것을 하나로 연결시키는 연결점을 발견하고 창조해내는 훈련이다. 수십 권의 책을 융합해 버리고 자신의 의식과 사고 속에 녹아늘도록 해서 사신의 것으로 소화하는 과정이다.

고래 독서법의 가장 큰 의미는 다양한 책들을 두루 섭렵하는 것이다. 그리고 이것은 다양한 책의 세계에 넓게 빠져드는 것이다. 절대로 깊게 빠져드는 독서법이 아니다. 그런 점에서 고래 독서법을 하는 이유는 깊게 가기 위해서 먼저 넓게 가는 것이라고 할 수 있다. 우리는 깊게 혹은 넓게 하는 두 가지 독서법 중에서 하나를 선택해야 한다. 하지만 초보자인 경우에는 먼저 넓게 탐독하는 것이 좋다. 그렇게 하면 독서의 고수가 된 후 자연스럽게 깊게 나아갈 수 있다. 고래 독서법은 도서관을 통째로 읽어버리는 독서법인 것이다.

고래 독서법의 가장 큰 특징은 '넓게, 다양하게'라고 할 수 있다. 창조성은 다양한 이질적인 것들을 하나로 연결하는 데서 나온다고 스티브 잡스가 이야기했다. 나는 이 말이 너무 좋다. 고래 독서법은 이러한 스티브 잡스식 창조성을 길러주는 독서법이라고 할 수 있다. 머릿속에, 가슴속에, 의식 속에 다양한 것들을 많이 집어넣는 것이 고래 독서법이다.

 # 정리의 대가
다산 선생의 **초서 독서법**

　다산 정약용 선생이 자녀들에게 보낸 편지글에는 후손들이 알면 매우 유익한 글들이 많이 있다. 그중에서도 독서에 관련한 글들을 살펴보면 놀라운 대목이 나오는데, 그것이 바로 '초서법'에 대한 이야기다. '두 아들에게 답함答二兒'이란 편지에 실려 있는 초서법에 대한 글을 좀 더 쉽고 명확하게 서술하면 이렇다.

　초서의 방법은 먼저 자신의 생각을 정리한 후 어느 정도 정리가 되면, 그 후에 그 생각을 기준으로 취할 것은 취하고 버릴 것은 버려야 취사선택이 가능하게 된다. 어느 정도 자신의 견해가 성립된 후 선택하고 싶은 문장과 견해는 뽑아서 따로 노트에 필기를 해서 간추려 놓아야 한다. 그런 식으로 한 권의 책을 읽더라도 자신의 공부에 도움이 되는 것은 뽑아서 적고, 그렇지 않은 것은 재빨리 넘어가야 한다. 이런 방법으로 독서를 하면 백 권의 책이라도 열흘이면 다 읽을 수 있고, 자신의 것으로 삼을 수 있게 된다.

이런 방법을 통해 다산 정약용 선생은 지식 경영의 대가가 될 수 있었다. 다산 선생은 동일한 편지에서 이런 이야기도 한 적이 있다.

> 독서를 하려면 반드시 먼저 근본을 확립해야 한다. 근본이란 무엇을 말하는 것인가. 학문에 뜻을 두지 않는다면 독서를 할 수 없으며, 학문에 뜻을 둔다고 했을 때는 반드시 먼저 기초를 튼튼히 해야 한다.

다산 선생은 독서와 초서와 저서에 힘을 쓰라고 당부했고, 초서의 방법에 대해서 다음과 같이 말했다.

> 초서의 법은 먼저 나의 학문에 주장하는 바가 있어야 하며 저울이 마음에 있어 취사선택이 어렵지 않게 되는 것이다.

이러한 말들을 토대로 해서 필자가 쉽고 간단하게 다산 선생의 초서법을 정리해보았다.

1. 입지立志 : 먼저 독서를 하기 전에 자기의 뜻을 세워야 한다. 즉, 자신의 주관을 가져야 한다.
2. 해독解讀 : 독서를 하면서 모르는 부분이 나오면 그 부분을 다른 책을 참조하든, 선생님이나 부모님에게 물어보든 완전하게 이해하고 넘어가야 한다.

3. 판단判斷 : 무엇이 중요하고 안 중요한 것인지를 판단한다.

4. 초서抄書 : 중요한 부분과 문장을 자신의 독서 노트에 옮겨 적는다.

5. 입지立志 : 책을 통해서 얻은 새로운 견해를 토대로 자신의 뜻을 새롭게 세운다.

이것이 현대의 1323세대들에게 필자가 정리하여 전수해주고 싶은 다산 선생의 초서 독서법이다. 보통 어른들에게 이야기할 때는 오히려 더 간단하다. 왜냐하면 5가지 키워드입지, 해독, 판단, 초서, 입지로 얘기해줄 수 있기 때문이다. 한자를 알아야 하기 때문에 1323세대의 독자들은 그냥 넘어가고 참조만 해도 상관없다.

읽고자 하는 책의 주제와 분야에 대해서 먼저 자기 자신만의 분명한 주관과 관점을 가지는 것이 초서법의 1단계다. 무조건 책을 읽는 것이 중요한 것이 아니다. 얼마나 많은 것들을 자신의 것으로 삼을 수 있느냐 하는 것이 중요하다.

독서를 하기 전에 자신의 관점과 주관을 먼저 가지는 것이 매우 중요한 이유는 자신의 주관이 조금이라도 없으면 무엇이 중요한지, 안 중요한지를 알 수 없게 되고, 자신이 책을 통해서 무엇을 배웠는지, 그리고 자신의 주관과 관점이 어떻게 바뀌거나 향상되었는지를 알 수 없기 때문이다. 그렇게 되면 책의 내용을 무조건 필사해야 할 수 있기 때문이다. 또 그렇게 되면 책의 내용을 처음부터 끝까지 무조건 암기한다 해도 아무것도 자신에게 도움이 되지 않을 수 있다.

심지어 최악의 경우에는 저자가 강조하고 있는 내용이나 핵심 내용은 전혀 파악하지 못한 채 불필요한 부분이나 상대적으로 덜 중요한 부분만 노트에 옮겨 적게 되는 경우다. 이런 경우가 반복되면 제대로 된 독서를 할 수 없게 된다. 아무리 많은 책을 읽어도 별로 도움이 되지 못하는 경우가 바로 이런 경우다.

초서법의 1단계인 입지에서는 자신이 읽을 책의 주제와 관련하여 최소한의 주관이 있어야 한다. 그것을 토대로 하여 책을 읽고 판단하고 그로 인해 자신의 주관 중에 잘못된 것을 버리고, 새로운 주관을 확립하고, 좀 더 확장시켜 가는 과정이 독서라는 점에서 초서는 무조건 중요한 부분만 옮겨 적은 것을 의미하는 것은 아니다.

초서법의 2단계는 해독이다. 다산 선생은 책을 읽으면서 모르는 부분, 뜻을 알지 못하는 단어 등이 나오면 그냥 넘어가지 말고 끝까지 그 뜻을 강구하고 고찰해보아야 한다고 강조했다. 그는 〈시경강의서〉라는 글에서는 다음과 같이 해독에 대해 말한 적도 있다.

> 독서는 뜻을 찾아야 한다. 만약에 뜻을 찾지 못하고 이해하지 못했다면 비록 하루에 천 권의 책을 읽는다고 해도 그것은 담벼락을 보는 것과 같다.

그는 또 다른 글 〈기유아〉에서 다음과 같은 말을 한 적도 있다.

내가 몇 년 전부터 자못 독서할 줄 알았는데 헛되이 마구잡이로 읽으면 하루에 천 권 백 권을 읽어도 오히려 읽지 않음과 같다. 모름지기 독서란 한 글자라도 뜻을 이해하지 못하는 곳을 만나면 널리 고찰하고 자세히 살펴 그 근원을 찾아내야만 한다.

이처럼 다산 선생은 독서를 통해 그 내용을 완전하게 이해해야 할 것을 강조했다. 그렇게 해독이 된 이후에는 어떤 것이 중요한 내용인지, 아닌지를 판단하게 되는 초서법의 3단계 과정에 도달하게 된다.

초서법의 3단계는 판단이다. 눈으로 책을 읽는 것보다 훨씬 더 중요하다. 눈에 보이지 않는 마음과 머리로 내용을 음미하면서 사색해야 하고 정신의 세계를 새롭게 구축해야 하며, 어떤 건물을 새로 짓고 어떤 낡은 건물을 무너뜨려야 할지를 끊임없이 선택해야 하는 매우 역동적인 단계다. 다산 선생의 표현대로 하자면 '마음속에서 저울질을 열심히 하는 단계'이다. 독서의 효과가 좋을지 안 좋을지가 결정되는 단계가 이 단계라고 할 수 있다.

초서법의 4단계가 비로소 초서다. 이제 초서라는 4단계 이전과 이후의 과정이 4단계인 초서보다 훨씬 더 중요하다는 사실을 잘 알았을 것이다. 독서를 하면서 모르는 부분을 그냥 넘겨서는 안 되는 이유는 모르는 부분이 바로 그 책에서 가장 중요한 핵심 부분일 수 있기 때문이다. 그 부분을 다른 책을 참조하거나 선생님이나 부모님 혹은 친구들을 통해서 반드시 물어보고 찾아보고 연구해보고 사색해보아야 한다. 그것이 진짜 공부인 것이다.

이러한 사실에 대해 다산 선생은 끊임없이 강조했다.

"본지本旨를 헤아리지 않는 것은 마치 썩은 땅에서 맑은 샘물을 걸러내려는 것과 같은 것이다."

헤아리고 저울질을 한 것으로 끝나는 것은 아니다. 반드시 기록하는 초서라는 4단계를 통해서 그것을 자신의 마음과 머리에 한 번 더 새겨야 한다. 초서법의 4단계인 초서를 강조한 경우를 살펴보자. 김모련의 〈성호학파의 독서방법론 연구, 이익과 다산을 중심으로〉라는 논문에 있는 말이다.

> 모름지기 뜻을 강구하고 고찰하여 그 정미한 뜻을 깨달으면 깨달은 바를 수시로 기록해두어야만 바야흐로 실제의 소득이 있게 된다. 진실로 외곬으로 낭독하기만 한다면 또한 실제의 소득이 없을 것이다.

초서법의 단계별 설명이 함축적으로 잘된 설명이다. 뜻을 강구하고 고찰해야 하는 것과 수시로 기록해야 하는 것은 초서법의 가장 중요한 단계이기도 하다.

초서법의 마지막 5단계 역시 매우 중요한 단계다. 모든 단계를 총망라하여 요약하고 정리하는 단계이기 때문이다. 이 단계도 역시 생각하고 사색하는 과정이라고 할 수 있다. 읽고 판단하고 기록한 것을 토대로 새롭게 입지를 세우기 위해서는 반드시 깊은 사색이 필요한 법이다. 그런 점에서 초서법은 무조건 중요한 부분을 옮겨 적는 필기에 집중되어 있는 독서법이 아니다. 그것은 눈에 보이는 것만 봤을 때의 이야기다.

진짜 초서법은 깊은 사색을 통해 많은 양의 책의 내용을 한마디로 요약해내는 훈련과 많은 문장들 중에서 이 책의 내용을 가장 잘 나타낼 수 있는 문장을 선별하는 훈련을 통해 스스로 생각하게 하고, 판단하게 하여, 자기 자신만의 새로운 주관과 관점을 발전시켜 나가는 다양한 행위가 복합된 종합 독서법이다. 이는 엄청난 사색과 생각과 에너지를 필요로 하는 능동적이고 역동적인 독서법인 것이다.

눈으로 책을 읽고 머리로 이해했다고 자신은 그 책을 잘 읽었다고 생각하고 그것으로 독서를 마치는 것은 매우 잘못된 독서법이다. 그렇게만 하고 책을 덮게 되면 자신에게 피와 살이 되고 남는 것이 없는 무용지물인 독서가 될 수 있다. 기억력이 아무리 좋은 천재라도 반드시 중요한 부분에 대한 판단을 한 후에는 독서 노트에 옮겨 써야 한다. 책이란 눈으로 읽고 머리로 이해하더라도 그것이 자신의 것이 완전하게 되었다고 할 수 없다. 반드시 손으로 한 번 써보는 것이 독서의 필수 행위라고 생각해야 한다. 손을 움직여 연필이나 붓으로 써보면 마음이 따르고 뇌에 각인이 된다는 것을 알 수 있게 된다.

독서 노트에 옮겨 쓸 때도 무작정 즉흥적으로 쓰면 안 된다. 초서하기 전에 자신의 주관을 세우고, 그 주관을 토대로 책의 내용을 완전하게 이해한 후 저울질해야 한다. 그 저울질의 과정이 사색하고 고찰하고 궁구하는 과정인 것이다. 바로 이러한 과정을 통해서 다산 선생은 비록 백 권의 책이라도 열흘 공부거리에 지나지 않는다는 것을 발견했다.

필요한 부분, 중요한 부분, 핵심 내용을 뽑아서 노트에 적는 일은 쉽지 않다. 그 전에 많은 과정이 필요하고, 그 후에도 많은 사색이 필요하다. 초서법은 효과적으로 책을 읽는 최고의 방법이라고 나는 생각한다.

운이 좋게도 스스로 터득하게 된 초서 독서법을 통해 나는 그러한 노트가 수십 권이 된다. 그 수십 권의 노트는 그 어떤 책보다 백 배 천 배 더 가치 있다. 이 세상에 단 한 권 존재하는 책이며, 내 독서의 결과물과 이력이 모두 저장되어 있는 책이기도 하기 때문이다. 친구들도 평생 보물처럼 간직할 수 있는 그런 초서 노트를 오늘부터 만들어보기 바란다.

창조력의 대가가 되는
상상 독서법

친구들이 한 가지 명심해야 할 놀라운 사실이 있다. 그것은 생각보다 친구들이 지닌 마음의 힘이 크다는 사실이다. 정신일도하사불성이라는 말이 있는 것도 바로 이 때문이다. 그냥 하는 것과 정신을 하나에 모으고 집중해서 하는 것은 전혀 다른 결과를 초래한다. 그리고 할 수 없다고 생각하면서 하는 것과 할 수 있을지도 모른다고 생각하면서 하는 것과 반드시 해낼 수 있을 것이라고 확신하면서 하는 것은 분명한 차이를 만들어낸다.

독서도 이와 같다. 마음의 자세가 어떠한지에 따라서 독서의 효과가 달라지고 그 효과에 따라서 인생이 하늘을 날 수도 있고, 대지를 뛰어다닐 수도 있고, 걸어 다닐 수도 있고, 기어 다닐 수도 있다. 심지어 어떤 친구들은 땅속에서 땅을 헤치면서 살아야 할지도 모른다.

아무 생각도 없이 남들처럼 살아가는 친구들은 걷거나 기어 다녀야 할지도 모른다. 하지만 정신을 맑게 하고 반드시 해낼 수 있을 것이라고 생각하고 미래에 자신의 멋진 모습을 상상하며 살아가는 친구들은 정말로 자신이 상상하는 대로의 인생을 살아갈 수 있다.

친구들은 눈에 보이는 것만을 믿는 경우가 많을 것이다. 이것은 어른들도 다르지 않다. 하지만 눈에 보이지 않는 마음과 정신 자세, 상상력이 눈에 보이는 것들보다 훨씬 더 큰 힘을 가지고 있다는 사실을 믿을 수 있을까?

믿기 힘들지만 사실이다. KBS 특별 기획 다큐멘터리였던 〈마음〉이란 프로그램을 보면 상상하는 것을 통해 암환자들의 수명이 연장되고, 삶의 질이 향상되고, 신체적 능력이나 기능이 달라진다는 것을 주장하고 있음을 알 수 있다. 이영돈의 《KBS 특별기획 다큐멘터리, 마음》에 나온 다음 글을 살펴보자.

> 과학적 사고를 하는 사람은 상상 훈련으로 암을 고친다는 말을 믿기 어렵다. 그러나 사이몬톤 박사의 자료에 의하면 사이몬톤 박사 팀은 159명의 말기암 환자를 대상으로 상상 훈련을 한 결과 환자의 평균 수명이 24.4개월로, 상상 훈련을 배우지 않은 환자의 평균 수명이 12개월인 데 비해 2배 이상 연장되었다고 한다. 암이 완전히 소실된 경우는 14명으로 전체의 22.2퍼센트나 되었으며, 51퍼센트의 암환자들은 생활의 질을 높일 수 있었다고 한다.

이 대목을 보면 놀랍게도 상상을 통해서 치료하기 힘든, 거의 불가능한 말기 암환자들 중에서 22.2퍼센트나 되는 환자들이 완치되었고, 51퍼센트나 되는 말기 암환자들의 생활의 질이 높아졌다는 것을 알 수 있다. 이것은 확실하게 그리고 명백하게 상상하는 것이 큰 힘을 가지고 있고, 실제로 힘이 있다는 것을 잘 증명해주는 사례가 아닐 수 없다.

또 다른 사례는 상상을 통해 신체적 기능이나 능력이 충분히 달라질 수 있다는 것이다.

> 상상으로 팔을 더 멀리 보내는 연습을 한다. 그러면 실제 연습한 것처럼 팔이 더 많이 늘어난다. 정말인지 한번 확인해보자. 이번에는 허리 굽히기를 해보자. 십일자로 다리를 모으고 허리를 굽힐 수 있는 만큼 굽힌 다음 자신이 내려간 정도를 확인한다. 그리고 눈을 감고 이미지 트레이닝을 하는데 실제 연습으로 내려간 정도보다 더 많이 내려가는 상상을 한다. 손가락이 땅바닥에 닿을 정도로 내려가는 상상을 한다. 실제처럼 상상할수록 효과는 더 크게 나타난다. 손이 바닥에 안 닿았던 사람은 닿을 수 있을 정도로 차이가 난다.

나는 이러한 사실을 통해서 내가 직접 경험했던 독서의 경험을 좀 더 발전시키고 싶었다. 그저 독서를 할 때와 '나는 최고의 독서의 신이다'라고 스스로에게 암시를 주면서 독서를 할 때 훨씬 더 독서를 잘할 수 있게 되었다는 개인적 경험을 토대로 한 독서법이 바로 이것이다.

상상 독서법은 자신을 천재라고 상상하고, 암시하는 것으로부터 시작되어야 한다. 자기 자신이 최고라고 상상을 해야 하고, 실제로 그것을 믿고 의심해서는 안 된다. 박지성 선수가 고등학교 때까지는 별로 뛰어난 축구선수가 아니었다는 것을 잘 알고 있을 것이다. 하지만 그 당시에도 그는 축구 시합을 할 때마다 '나는 이 시합장에서 최고의 선수다'라는 자기 암시를 스스로에게 하면서 즐거운 상상을 했다는 사실을 알아야 한다.

정신을 모아서 생각하고, 마음으로 상상하는 것은 실제로 육체의 근력처럼 힘을 가지고 있다. 특히 자기 암시는 엄청난 효과를 가지고 있다. 그래서 수많은 자기계발서 작가들과 동기 부여가, 성공학 강사들이 자기 암시의 놀라운 위력을 강하게 주장하고 있다.

자기 암시는 프랑스의 약사였던 에밀 쿠에가 최면술을 연구하던 중 플라시보 효과의 강력함을 확인하면서 발견하게 되었다. 그는 의식보다 더 큰 무의식의 힘을 강조하여 다음과 같은 쿠에이즘을 만들었다.

'모든 면에서 나는 나날이 좋아지고 있다.'

이러한 자기 암시법을 독서에도 그대로 사용해보면 어떨까? 박지성 선수가 경기장에 들어갈 때마다 '이 경기장에서는 내가 최고다'라고 스스로에게 암시를 한 것처럼 친구들은 책을 잡을 때마다 '이 책은 내가 제일 잘 읽는다'라고 암시를 하면서 독서를 해보는 것도 나쁘지 않을 것이다.

실제 사례로 학생들에게 공부 잘하는 학생으로 대우를 해주면 성적이 올라가고 반대로 해주면 성적이 내려갔다고 한다. 자기 스스로 암시를 하는 것이나 타인에 의해 어떤 암시를 받게 되는 것이나 우리가 반응하는 것은 다르지 않다.

상상 독서법, 이렇게 한다!

상상 독서법은 한마디로 자신의 눈으로만 읽는 독서에서 탈피하고 상상력을 100퍼센트 활용하여 독서력을 극대화하는 독서법이다. 그래서 상상 독서법은 마음의 자세를 바로잡는 것 이상의 의미를 가지고 있다. 자신의 능력을 뛰어넘어야 한다는 데 의미가 있는 독서법이다.

1. 먼저 자기 자신에게 독서를 잘할 수 있다고 암시를 한다.

'나는 독서의 신이다', '나는 이 책들을 1시간 안에 다 독파할 수 있다', '나는 책을 읽는 순간이 가장 행복하다', '나는 누구보다 빨리 이 책들을 다 읽을 수 있다'와 같은 상상을 하여 자기 자신에게 최대한의 암시를 하는 것이다. 나는 독서를 엄청 빨리, 잘하는 사람이라고 자기 암시를 한 경우와 하지 않고 그냥 책을 읽은 경우에는 독서력에서 분명한 차이가 난다.

2. 평소 수준이 맞지 않고, 재미가 없어서 읽지 못했던 어려운 수준의 책에 도전한다.

상상 독서법의 가장 큰 장점은 자신의 수준을 뛰어넘는 독서를 하는 데 있다. 보통의 경우 독서는 반드시 즐겁고 신나게, 자신의 수준에 맞는 것을 토대로 읽으면서 수준을 높이는 것이다. 하지만 때로는 자신의 수준을 뛰어넘어 독서를 할 필요도 있다. 그때 상상 독서법을 사용해야 한다. '나는 이 책보다 훨씬 더 어려운 책도 다 읽은 사람이다'라는 자기 암시를 통해 자신의 평소 수준을 뛰어넘는 독서를 함으로써 일반적인 독서력을 한 단계 향상시키고, 평소 자신의 독서 생활을 좀 더 즐겁고 신나게 할 수 있게 도움을 주게 된다. 한마디로 군인들이 평소에 훈련을 받지만, 일 년에 한두 번씩은 유격 훈련을 통해 군인의 역량을 한 단계 업그레이드시키는 것과 같다. 아무 의미도 없이 그냥 상상한다고 상상 독서법은 아니다. 반드시 자신의 수준을 뛰어넘는 독서력을 경험한다는 것에 큰 의미를 두어야 한다.

3. 작가의 견해를 비판적인 시각으로 바라본다.

자신의 수준을 뛰어넘는 독서를 한 경우 자신의 수준보다 훨씬 더 높은 인물들과 어깨를 나란히 해서 그들의 주장과 견해에 대해 수용할 것은 하고, 비판할 것은 하면서 자기 자신의 사고와 통찰력을 책의 수준과 동등하게 하는 단계다. 이 단계를 통해 어려운 책만 읽고 끝내는 잘못된 독서 습관을 고치고, 책을 읽은 후 위대한 인물들의 인생과 사고와 견해에 대해 자신의 의견을 내놓고 이것을 종합할 수 있도록 훈련을 할 수 있다. 상상 독서법을 통해 자기 자신의 머리로는 도저히 생각해낼 수 없는 사고와 견해를 생각해내고, 자신만의 주장을 만들어내고 위인들의 생각과 자신의 생각을 통합하는 훈련을 할 수 있다.

4. 자신이 저자일 경우 해당 주제에 대해 어떤 주장을 할지 생각해본다.

자신의 수준을 뛰어넘는 독서를 통해 자신의 수준을 뛰어넘는 통찰력을 토대로 하여 '내가 저자라면'이라는 상상을 해보는 단계다. 이런 상상을 통해 진짜 자신이 저자가 되어, 주제에 대해 새로운 책을 간단하게 작성해보는 것이다. 이때 절대 책의 내용이나 수준에 대해서는 신경 쓰지 않아야 한다. 3단계에서 저자의 의견을 토대로 사고와 의식을 훈련했다면, 4단계에서는 비로소 자기 자신만의 의견을 토대로 사고와 의식을 훈련하는 과정이다. 이때 세상에 지금까지는 존재하지 않았던 새로운 책이 탄생할 수 있는 토대를 마련할 수 있게 되는 것이다. 예를 들어 다음과 같은 상상을 통해 자기 자신이 직접 저자가 되어 볼 수 있다.

'내가 저자라면 사마천이 쓴 사기가 아닌 새로운 유형, 새로운 성격, 새로운 내용의 사기를 이렇게 쓸 것이다.'

'내가 저자라면 삼국지를 나만의 방식으로, 나만의 성격과 내용으로 이렇게 쓸 것이다.'

'내가 저자라면 군주론을 한국의 정서에 맞게 새롭게 쓸 것이다.'

5. 일련의 과정을 간단하게 메모하고 기록한다.

자신이 마치 천재가 되었다거나 엄청난 독서력의 고수가 되었다고 상상했을 때 사용한 상상의 도구와 방법을 상세하게 기록한다. 상상만 하고 순간을 흘려보내게 되면 자기 자신에게 남는 것은 하나도 없다. 반드시 손으로 기록해야 자신의 것이 된다. 책의 내용과 작가의 주장에 대해 간단하게 메모한 후 자기 자신이면서 자신을 넘어선 천재의 시각으로 평가한 내용을 비교가 잘 될 수 있게 기록한다. 이 과정을 통해 한 번 더 독서한 내용을 자신의 것으로 만들고, 책의 내용에 있는 것을 뛰어넘어 또 다른 생각과 견해를 만드는 과정을 훈련하게 된다. 상상 독서법이지만 독서의 전후 과정이 상상이고, 시작과 끝이 상상이라는 것이지 메모나 기록을 하지 않아도 된다는 말은 절대 아니다.

속독법을 뛰어넘는
우뇌 독서법

인류를 이끌어온 전통적인 독서법은 우뇌보다 좌뇌가 더 많이 활약하는 독서법이었다. 좌뇌는 논리적이고 구체적이며 언어 능력을 담당하는 뇌다. 하지만 좌뇌를 이용한 독서법은 속독을 뛰어넘을 수 없다. 글자 하나하나 다 따지고 비판해 가면서 넘어가야 하는 것이 좌뇌의 특성이기 때문이다. 우뇌는 전혀 다르다. 한마디로 우뇌는 나무 하나하나에는 관심이 없다. 전체 숲에 더 관심이 있다. 그래서 통합적이고 추상적인 뇌가 우뇌다. 그 결과 우뇌를 많이 활용하면서 독서를 할 때 전통적인 속독을 뛰어넘어 사고력과 창의력을 향상시킬 수 있는 우뇌 독서법이 탄생하게 되었다.

인류는 오랫동안 좌뇌는 우세하고 우뇌는 열등하다는 인식을 가지고 있었다. 그런 덕분인지는 몰라도 인류는 알게 모르게 좌뇌 중심의 사회를 만들어왔고, 그런 사회 속에서 인간은 배우고 길들여졌다. 하지만 1988년 미국의 로저 W. 스페리 박사가 이런 통념을 완전히 바꾸는 이론을 제시했고, 그 결과 그는 노벨상을 수상했다. 그만큼 그의 이론은 놀라운 것이다.

그는 '좌뇌는 우세하고 우뇌는 열등한 것이 아니라 우뇌와 좌뇌의 기능이 서로 다르다'고 처음으로 주장했다. 한마디로 좌뇌와 우뇌는 누가 더 우세한 것도 아니고 누가 더 열등한 것도 아닌, 독립적인 기능을 가지고 있는 독립적인 뇌라는 것이다.

좌뇌는 이성적인 뇌라고 해서 논리, 언어, 문자, 분석, 계산, 추리, 판단, 구성, 추론 등의 사고를 담당한다. 우뇌는 감성적인 뇌라고 해서 음악, 시각, 그림, 색체, 감정, 공간, 입체, 상상, 창조, 예술, 사고, 직감, 종합을 담당한다. 문제는 인류가 지금까지 좌뇌만 가동시켜서 책을 읽었다는 것이다. 우뇌는 활용하지 않고 내버려둔 채 논리적이고 판단하기 좋아하는 좌뇌만 열심히 일을 시켰던 것이다. 그 결과 독서의 속도와 이해, 효과가 반감되는 것은 당연한 일이었다. 즉, 글자를 하나하나 읽는 방법은 바로 인류가 오랫동안 좌뇌 중심의 독서법을 선호해 왔다는 것의 명백한 증거다.

하지만 우뇌 중심의 독서법을 하면 글자 하나하나를 읽는 방법이 아니라 이미지로 형상화해서 뇌 전체로 글자를 받아들이게 된다. 이렇게 되면 고속으로 책을 읽을 수 있게 되고 더 많이 이해할 수 있게 된다. 그리고 무엇보다 뇌의 절반만을 사용해온 방법에서 탈피하여 양쪽 뇌를 모두 사용할 수 있게 된다. 결국 독서의 효과가 2배 이상 증가하게 된다.

독서의 효과가 2배 이상 되는 것뿐만 아니라 모든 사물을 대하고 생각할 때, 심지어 많은 문제들을 해결할 때 우뇌의 감성 지능을 극대화하여 활용할 수 있기 때문에 엄청난 창조의 대가가 될 수 있다는 점에서 우뇌 독서법은 최고의 독서법이라고 할 수 있다. 스티브 잡스가 위대한 혁신가가 될 수 있었던 것은 감성 지능이 발달했기 때문이다. 아인슈타인이 위대한 과학자가 될 수 있었던 이유도 그가 남들보다 우뇌를 더 많이 활용했기 때문이다. 그는 언어로 생각하기보다 형태와 형상, 즉 이미지화하여 생각한다. 이것은 좌뇌 중심이 아닌 우뇌 중심의 사람들이 지닌 가장 큰 특징이다.

우뇌 독서법을 강조해야 하는 이유는 지금까지 인류가 본능적으로 좌뇌 중심으로 살아왔기 때문이다. 좌우 뇌의 균형을 맞추기 위해서는 의도적으로 그동안 사용하지 못했던 우뇌를 더 많이 사용해야 하기 때문이다. 보통 책을 읽게 되면 자연스럽게 좌뇌 중심으로 책을 읽게 된다. 그렇기 때문에 우뇌 중심으로 책을 읽으려고 노력해야 독서의 방법을 바꿀 수 있게 된다.

아인슈타인은 우뇌 독서법의 대가다. 그는 나무를 보지 않고 숲을 보면서 전체적으로 큰 핵심, 뼈대를 하나만 뽑아낸다.

"나는 책의 뼈대를 확실히 파악한다. 그리고 쓸데없는 가죽은 벗겨버린다."

쓸데없는 글자 하나하나에 집중하다가 전체적인 핵심을 파악하지 못하게 된다. 이것은 나무 하나하나를 보다가 숲에서 길을 잃는 것과 다를 바 없다. 아무리 숲을 다니고 등산을 해도 산의 모습을 하나도 모른다면 과연 등산의 즐거움을 얼마나 누릴 수 있을까? 그것은 아마도 눈에 붕대를 감고 등산하는 것과 다를 바 없을 것이다. 하지만 우뇌 독서법의 고수들은 단번에 큰 숲의 그림을 꿰뚫어본다. 그래서 핵심만 뽑아낼 수 있다. 바로 이런 이유에서 속독법보다 훨씬 더 빠르게 책을 읽어 내려갈 수 있는 것이다.

 꿀벌에게 배우는
꿀벌 독서법

중국 속담에 이런 말이 있다.

"꿀벌은 백송이 꽃에서 꿀을 얻고, 사람은 많은 책에서 진리를 깨닫는다."

꿀벌은 백송이 꽃에서 꿀을 얻는다. 이 꽃에서 조금, 저 꽃에서 조금 얻는다. 그래서 꿀벌은 온종일 엄청난 거리를 날아다닌다. 그렇게 날아다녀서 엄청난 양의 꿀을 얻는 것이다. 꿀벌들은 벌통에서 반경 4킬로미터까지 날아다니면서 하루에 40~50회나 꽃을 찾아다니는데, 1회에 약 30~60밀리그램의 꿀을 운반한다고 한다.

친구들의 독서도 이와 같아야 한다. 하루에 40~50권의 책을 찾아다니면서 읽고 그 책 속에서 발견한 지혜와 지식과 양식을 자신의 보금자리인 벌통까지 무사히 운반해야 한다. 중요한 것은 꽃에서 꿀을 얻는 것이 아니라 얻은 꿀을 자신의 보금자리인 벌통까지 날아서 운반하는 것이다.

그런데 이런 과정을 친구들은 대부분 무시하고 그저 책을 읽는 것으로 만족하는 경향이 있다. 그래서 독서를 아무리 많이 해도 힘들게 얻은 꿀을 그저 공중에 버리는 것과 같은 안타까운 일이 너무 많이 벌어지고 있다. 그로 인해 독서의 효과를 제대로 얻어내지 못하게 되고, 그 결과 독서를 해도 인생이 바뀌지 않고 거인으로 성장해 나가지 않게 되는 것이다. 중요한 것은 책을 읽는 과정이 아니라 책을 읽은 후에 얻은 것을 자신의 것으로 완전하게 바꾸는 전환의 과정이다. 이 전환의 과정이 꿀벌에게는 꽃에서 얻은 꿀을 자신의 벌통으로 안전하고 신속하게 날아서 옮기는 과정이다. 바로 이러한 과정을 강조한 독서법이 꿀벌 독서법이다.

바로 이러한 전환의 과정, 즉 독서 이후의 과정을 독서의 고수들이 너나 할 것 없이 많이 강조해 왔다는 것을 독서와 관련된 책을 읽게 되면 쉽게 찾아볼 수 있다. 반복 독서를 통해 책이 강조하는 내용을 완전하게 자신의 것으로 삼아야 한다고 말하는 독서의 대가들도 있고, 암기를 해서 완전하게 소화해야 한다고 말하는 독서의 대가들도 있다. 또 어떤 독서의 대가들은 독서를 한 후에 요약하고 정리하면서 독서한 것을 자신의 것으로 삼기도 하고, 또 다른 대가들은 반드시 읽은 내용과 관련된 글쓰기를 통해서 독서한 것에서 한 발 더 나아가 자신의 것으로 만들기도 한다.

이러한 여러 가지 방법들이 모두 꿀벌이 꽃에서 꿀을 얻은 후에 수 킬로미터나 떨어져 있는 자신의 벌통에 꿀을 안전하게 옮기는 방법이다. 오랫동안 꿀을 잘 보관하고, 좁은 공간에 효율적으로 보관하기 위해 다양한 방법을 통해 꿀을 보관하는 꿀벌과 같은 방법이라고 나는 생각한다.

그냥 읽고 책을 덮고서는 그것이 독서의 끝이라고 생각한다면 그 친구는 독서를 통해 얻는 것이 매우 적을 것이다. 하지만 독서를 통해 얻은 새로운 생각과 사상과 양식을 자신의 것으로 확실하게 소화시키고, 계속 만들어가는 과정까지도 독서의 연장선이라고 생각하는 친구들은 독서를 통해 얻는 것이 매우 많을 것이다. 꿀벌 독서법은 바로 독서 이후의 활동을 강조하는 독서법이라고 할 수 있다.

"입으로만 읽고, 몸에 체득하여 직접 실천하지 않는다면 독서는 독서고, 나는 나일 뿐이니, 무슨 이로움이 있겠는가"라고 율곡 이이 선생이 말한 적이 있다. 여기서 중요한 것은 입으로만 읽고, 눈으로만 보는 행위가 아니라 체득하는 행위다. 체득을 해야 그것을 실천할 수 있기 때문이다.

꿀벌 독서법, 이렇게 한다!

꿀벌 독서법은 고래 독서법과 다르다. 꿀벌 독서법은 실용 독서법이고, 실천을 중시하는 독서법이다. 고래 독서법이 모든 책들을 탐독하고 받아들이는 그런 우직한 독서법이었다고 한다면 꿀벌 독서법은 한마디로 게릴라 독서법이다. 그래서 시간과 노력을 적게 들이고 많은 것을 얻고자 하는 현대인들이 선호할 수 있는 독서법이라고 할 수 있다. 하지만 인생을 살면서 어느 기간 동안은 고래 독서법으로 독서를 할 때도 있어야 하고, 꿀벌 독서법으로 독서를 할 때도 있어야 한다. 너무 한 가지 방법만을 고집할 수 없는 것이 현실인 듯하다.

1. 꿀벌이 꿀을 얻을 꽃을 찾아다니는 것과 같이 자신에게 유익하고 도움이 될 수 있는 책을 찾아다닌다.

꿀벌은 반드시 꿀이 많이 들어 있는 꽃을 찾기 위해 엄청나게 긴 거리를 날아다녔다는 사실을 명심해야 한다. 꿀벌 독서법은 이동(행동)에서 시작해서 실천(행동)으로 끝나야 하는 독서법이다.

2. 자신에게 꿀을 줄 수 있는 책을 선별한다.

모든 책은 다 유익하다. 닥치는 대로 읽어도 좋지만 그래도 조금 더 많이 유익한 책이 있을 수 있고, 자신의 수준에 좀 더 맞는 책이 있을 수 있다.

3. 선별한 책들을 빨리 읽어 내려가면서 꿀과 같이 자신의 의식과 사고를 튼튼하게 해줄 수 있는 내용과 핵심 주장, 표현 등을 뽑아낸다.

이 단계에서 비로소 독서 행위가 시작된다. 이때 주의할 점은 독서를 상당히 요령 있게, 실용 위주로 해야 한다는 것이다. 이 독서법을 권장하지는 않는다. 다만 나중에 바쁜 직장 생활을 하거나 학교 생활을 할 때 시간은 부족하고 읽어야 하는 책이 많다면 이때 사용할 수 있는 임기응변 독서법이라고 할 수 있다. 이 독서법은 실용 위주이기에 깊이가 없는 독서가 될 수 있다. 그러므로 다양한 독서법을 모두 활용하고 사용하는 것이 중요하다. 깊이가 없지만 실천을 위주로 하는 독서법이기 때문에 나름대로의 장점이 있다. 독서의 효과를 극대화할 수 있다는 것이다.

4. 뽑아낸 좋은 견해와 주장과 표현 등을 노트에 기록한다.
그야말로 핵심이 되는 그런 내용만을 뽑아낸다는 데 의미가 있다.

5. 이렇게 꿀통에 모은 꿀을 자신의 삶에 적용하고 자신의 것으로 완전하게 만들어 가는 체득 과정을 통해, 실천 점검 확인을 하는 시간을 갖는다.
이것은 매일 잠자기 전이나 아침 일찍 일어났을 때 해야 하고, 일주일 단위로 할 경우 주말에 규칙적으로 하는 것이 좋다. 꿀벌 독서법을 통해 얻어낸 내용을 노트를 보면서 다시 한 번 되새기고, 이것대로 하루를, 일주일을 살았는지 검증해보는 것이다. 그렇기 때문에 꿀벌 독서법은 꿀만 모으는 것이 중요한 것이 아니라 모은 꿀을 잘 이동시키고 보관하는 것이 더 중요하다. 독서를 통해 자신의 인생과 사고와 행동에 영향을 주어야 한다는 것이다.

꿀벌 독서법은 실용을 위주로 하는 이들에게 가장 좋은 독서법이다. 독서하는 시간은 최소화하지만 독서의 효과는 극대화하는 방법이기 때문이다. 고래 독서법은 시간이 고래처럼 많은 이들이 작정하고 독서에 덤벼드는 독서법이라면, 꿀벌 독서법은 꿀벌처럼 시간에 쫓기는 이들이 짧은 시간에 많은 책을 읽기 위해 요령껏 하는 독서법이라고 할 수 있다. 물론 장단점은 분명하게 있다. 그렇기 때문에 한 가지 독서법을 오래 해서는 안 된다. 순환하면서 자주 바꾸어나가면서 새로운 독서법을 자기 나름대로 계발해 나가야 한다는 사실을 명심해야 할 것 같다.

PART 6

독서의 기술이
평생을 좌우한다

시대의 속도에 맞춰 앞으로 나아가기 위해서는 스스로 변화를 읽고 받아들여 학습해 나가는 능력이 핵심적이다. 따라서 독서력의 중요성이 이전보다 더욱 중요하게 부각되고 있다. 독서는 스스로 배우는 왕도이기 때문이다. 앞으로는 가장 중요한 교육의 목표가 '학습하는 법을 학습하는 것'이 될 것이다. 독서가 바로 그 길을 안내한다. 그 길은 성장의 길이요, 변화의 길이다.

송광택

조선의 명문가를 만든
위대한 독서법

　조선 시대 최고의 공부의 신은 다름 아닌 독서의 신이었다. 그리고 그 독서의 신은 조선 명문가의 독서법을 통해서 탄생했다. 조선 시대 최고의 공부의 신은 누구인가? 바로 율곡 이이다. 그는 과거 시험에서 연이어 아홉 번이나 수석으로 합격할 정도로 전무후무한 공부의 신이었다. 그리고 그는 평생 '자경문自警文'을 지어 사람다운 사람이 되고자 큰 목표를 세웠고, 끝없이 노력을 했던 공부의 대가이기도 했다. 그 덕분에 그는 세계에 자랑할 만한 철학자로 평가받고 있다. 황의동의 《율곡 이이》에 보면 이런 말이 있다.

> 조선조 오백 년을 통해 수많은 유학자가 배출되었지만, 그 가운데 세계에 자랑할 만한 철학자의 한 사람이 바로 율곡 이이다. 우선 그는 학문적으로 탁월하였다. 송대 성리학에 기반을 두었지만 모방만 하지는

않았다. 탄탄한 존재론을 바탕으로 이기지묘理氣之妙, 기발이승氣發理乘, 이통기국理通氣局의 독창적인 화두를 제시하였다. 이를 통해 우주자연과 인간의 조화, 윤리와 경제의 조화, 그리고 몸과 마음의 유기적 이해 속에서 이성과 감성이 어우러진 전인적 인간을 추구하였다. 특히 율곡의 철학 속에는 심오한 철학적 논리와 함께 민생과 나라를 근심 걱정하는 우환의식이 진솔하게 녹아 있다.

그가 지은 '자경문' 11조항을 친구들이 잘 이해할 수 있게 쉽고 재미있게 요약하면 이렇다.

1. 입지立志 : 뜻을 크게 가지고 크게 생각하고 넓게 바라보고 위대한 위인들을 닮아 가고자 노력해야 한다.

2. 과언寡言 : 말을 적게 하라. 마음을 안정시키려면 말을 적게 해야 한다. 조용히 독서를 하고 사색하는 것을 더 중요시 여겨야 한다.

3. 정심定心 : 마음을 바르게 하려면 잡념과 집착을 끊고 쉬지 않고 공부해야 한다. 항상 착한 마음을 가지려고 노력해야 한다.

4. 근독謹獨 : 홀로 있을 때라도 언제나 나태함을 경계해야 한다. 남이 보지 않을 때 행동과 태도를 더 조심해야 한다.

5. 독서讀書 : 책을 읽는 것을 소홀히 해서는 안 된다. 하지만 실천하는 것도 잊어서는 안 된다.

6. 소제욕심掃除慾心 : 돈이나 물건에 마음을 두지 않고, 탐하지

않는다. 눈앞의 이익을 탐하는 마음을 버리고 욕심을 버려라.

7. 지성盡誠 : 해야 할 일이라면 정성을 다해 진심으로 한다. 모든 일에 게으름을 피우지 않고 성실해야 한다.

8. 정의지심正義之心 : 천하를 얻는다 하더라도 무고한 한 사람을 희생시켜서는 안 된다.

9. 감화感化 : 누군가가 나를 괴롭히고, 왕따를 시킨다 해도 내 자신을 스스로 깊이 반성하고 그를 감동시키려고 해야 한다.

10. 수면睡眠 : 밤에 잘 때가 아니면 눕거나 자지 않는다. 마음을 항상 깨어 있게 하고 바르게 자야 한다.

11. 용공지효用功之效 : 공부는 서두르지도 말고, 쉬지도 말고, 멈추지도 말고, 꾸준하게 끝까지 해야 한다.

율곡 이이가 조선 중기의 학자로서 위대한 인물로, 공부의 신이 될 수 있었던 가장 큰 이유는 그의 가문이 대대로 내려오는 명문가문이었고, 그 명문가문에는 독서법이 존재했기 때문이라고 나는 생각한다. 이쯤에서 그가 쓴 《율곡선생 글모음》 중 〈학교 모범〉이란 글의 '독서' 편에서 독서에 대해 한 말을 살펴보자.

책을 읽을 때는 몸을 가지런히 하고 맘을 정갈하게 한다. 본 내용을 완전히 익힌 뒤 다음 책을 본다. 많이 읽는 것과 외우는 것에 연연하지 말라. 또 책을 고를 때는 삶에 도움이 되지 않는 저급류는 삼가라. 공부를 하면서 틈틈이 거문고를 타고 활을 쏘는 것도 좋다. 그러나

도박 등에 빠져 공부하는 데 방해가 되어서는 안 된다.

율곡 이이를 만든 것은 명문가의 독서법이었다.

실학의 산실이자 조선 최고의 베스트셀러 작가를 배출한 가문은 독서에 일가견이 있는 연암 박지원 가문이다. 연암 박지원은 과거에 연연하지 않았다. 그저 독서와 글쓰기에 집중했다. 그의 《연암집》〈원사原士〉를 보면 독서에 대한 그의 견해를 쉽게 찾아볼 수 있다.

> 선비가 하루 독서하지 않으면 면목이 곱지 못하고 언어가 곱지 못하고, 갈팡질팡하여 몸을 의지할 데가 없어지고 두려워져 마음을 둘 데가 없어진다. 장기, 바둑, 음주가 애당초 어찌 즐거울 수 있겠는가. 복장을 단정히 하고 불을 켜고 정숙하게 앉아 공경스럽게 책상을 대하고, 처음 대하는 책을 볼 때는 묵묵하고 깊이 있게 완미하라. 몇 줄 안 되는 짧은 구절은 한꺼번에 묶어서 보고, 깊이 자구字句의 뜻을 연구하고, 풀이한 것을 자세히 살필 것이며, 같은 점과 다른 점을 분별하여 음과 뜻을 밝히고, 마음을 평안히 하고 생각을 부드럽게 해서 천착하거나 비약하지 말아야 한다. 또한 잘 모르는 대목이 있거든 반복해서 볼 것이지 그냥 넘어가서는 안 된다.

그는 또한 독서를 다른 무엇을 위한 수단으로 삼아서는 안 된다고 경계했다.

독서를 하면서 써먹을 것을 구하는 것은 모두 사심에서 비롯된 것인데, 해 미칠 때까지 독서를 해도 학문에 진보가 없는 것은 사의私意가 그것을 해치기 때문이다.

그리고 또한 그는 독서를 하면 자기 혼자 잘 먹고 잘 살게 되는 것이 아니라 모든 사람이 잘 먹고 잘 살게 되고 그 효과가 후대에까지 이르게 된다고 말한다.

선비가 독서를 하면 그 은택이 천하에 미치고, 그 공덕이 만세萬世에까지 전해진다.

연암 박지원가를 대표하는 독서법은 쓰기 독서법이라고 할 수 있다. 책을 눈으로 읽는 것, 이해하고 암기하는 것에서 멈추는 것이 아니라 연암은 읽은 책의 내용과 형식을 토대로 하여 또 다른 글쓰기를 하면서 독서를 완성했다.

연암 박지원이 조선 최고의 베스트셀러 작가가 될 수 있었던 것은 그의 독서법이 바로 쓰기 독서법이기 때문이다. 그가 최초로 쓴 글이 《이충무전》인데, 이 책은 사마천의 《사기》에 실려 있는 〈항우본기〉를 읽고 나서 그 형식과 내용을 모방하고 응용하여 쓰기를 시도했던 것이다. 연암은 이미 읽기의 완성은 쓰기라는 놀라운 진리를 터득한 인물이었다고 나는 생각한다.

또한 조선왕조실록에 3천 번 이상 등장하는 조선 시대 정치와 사상의 핵심 인물이었던 우암 송시열 선생을 만든 것도 가문의 독서법이라고 할 수 있다. 그의 어머니는 그에게 하루에 세 번씩 책 읽기를 권했다고 전해진다. 그리고 그는 어머니의 가르침에 따라 책 읽는 것을 무엇보다 중요하게 여겼다. 그래서 병자호란과 같은 난리를 겪은 직후 먹을 것이 없어서 굶어도 독서에 전념할 수 있었다. 그렇게 밥은 굶어도 책은 굶지 않는 독서의 신의 경지에 올랐다. 책 읽기에 대한 그의 자세는 20대일 때 백 리나 떨어져 있는 스승에게 가기 위해 매일 책과 도시락을 들고 다녔다는 사실을 통해서도 잘 알 수 있다.

조선 시대 명종 때 서애 유성룡이 벼슬길에 나선 것을 포함해 고종 때까지 종손 9대가 내리 벼슬을 할 정도로 조선의 명문가인 유성룡 가문의 눈부신 성공의 비결도 바로 독서법이다. 이상주의《조선 명문가 독서교육법》이란 책에 보면 유성룡 가문에 대한 이야기가 나온다. 가문에 끊이질 않는 책 읽는 소리 덕분에 조선의 명문가가 탄생했다는 것이다.

임진왜란이라는 전쟁에도 유성룡 선생은 책 읽는 것을 멈추지 않았고, 또 그렇게 자녀들을 가르쳤다. 전쟁을 하게 되면 모든 사람들의 마음이 움츠러들게 되고 앞날이 불투명하여 조용히 앉아서 책을 읽는다는 것은 쉬운 일이 아니다. 하지만 그럴수록 유성룡 선생은 더욱더 책 읽기를 강조했다.

> 비록 세상이 어지럽고 위태로워도 남자라면 공부를 중단해서는 안 된다.

그가 이렇게 독서를 강조하는 것은 자신이 공부를 등한시하다가 독서 덕분에 과거에 합격할 수 있었던 경험을 통해 독서의 중요성을 누구보다 잘 알게 되었기 때문이다. 이런 사실에 대해 그는 자신의 여러 자제들에게 보낸 '기제아寄諸兒'에서 이렇게 설명했다.

> 나는 어려서 공부를 등한시하다가 열아홉 살에 관악산에 들어가 몇 개월 동안 《맹자》를 스무 번 읽고, 다음 해에 안동으로 내려가 《춘추》를 서른 번 읽은 뒤 과거에 합격했다. 그러나 책을 일백 번쯤 읽었으면 지금처럼 학문이 얕지 않았을 것이다.

그는 독서의 신이 될 수 있었기 때문에 과거에 합격할 수 있었다. 그리고 그 사실을 통해 그는 자녀들에게 독서를 강조했고, 그 결과 가문이 조선의 명문가로 도약할 수 있게 되었던 것이다. 《서애선생문집》의 '학이사위주學以思爲主'에 보면 독서에 대한 그의 명쾌한 생각이 담겨 있는 것을 알 수 있다.

> 생각해서 터득한 내용이 아닌 것은 구이지학口耳之學, 입으로 외우기만 하고 귀로 듣고 주워듣기만 하여서 전혀 자신의 것이 되지 못한 학문이니, 비록 많다 하더라도 무얼 하겠는가? 어떤 사람은 다섯 수레의 책을 입으로는 줄줄 외우지만 그 뜻과 의미를 물으면 전혀 알지 못한다. 이것은 다름 아니라 독서를 하면서 생각하지 않았기 때문이다.
> 생각할 사思는 밭 전田 자 밑에 마음 심心 자를 붙인 것이다. 밭은 갈아

서 다스린다는 뜻이다. 농부가 잡초를 없애 질 좋은 곡식을 거두는 것처럼 마음 밭을 잘 갈아 다스리면 이로부터 마음이 바르게 되고 뜻이 성실해져 사악한 잡념은 물러가고 하늘의 이치는 저절로 밝아진다.

그가 주장하는 독서에 대한 생각을 한마디로 요약하고 정리하면 이렇다.

1. 책을 읽는다는 것은 반드시 생각이 중심이 되어야 한다.
2. 생각하지 않으면 읽은 것을 전달하는 수준밖에 안 된다.
3. 생각하지 않으면 많은 책을 읽어도 아무 이익이 없다.
4. 많은 책을 입으로 줄줄 암기해도 생각하지 않는 독서는 아무 유익이 없다.

독서의 기술은 책을 통해 좀 더 많은 생각을 할 수 있는 기술이다. 다시 말해 올바른 독서는 생각을 확장시키는 것이다. 단지 지식을 확장시키기 위해 독서를 하는 사람들은 식당에 가서 돈가스를 시켜 먹으면서 가장 먼저 나온 스프만 먹고 식사비를 내고 나오는 사람과 다를 바 없다.

지식은 가장 먼저 눈에 보이는 스프와 같은 것이다. 지식은 생각보다 중요하지 않다. 아무리 많은 지식을 가지고 있어도 그것을 잘 조합하고 엮어야 큰 힘을 발휘할 수 있다. 그것은 아무리 좋은 부품과 도구들이 많이 있다고 해도 그것을 가지고 멋진 로봇을 만들 수 있는 사람과 아무것도 만들어내지 못하는 사람의 차이만큼 크다. 독서를 통해 생각을 확장시키고 사고력을 키운 사람은 복잡한 로봇의 설계도를 그릴 수 있는 사람과 다름없다.

서양의 명문가를 만든
위대한 독서법

'자녀가 성공하기를 바란다면 독서의 신으로 키워야 한다'는 사실을 강조하기 전에 자기 자신부터 독서의 신이 될 생각을 하지 않으면 이 사회에 희망은 없다. 이 책을 읽지 않는 기성세대들도 역시 먼저 독서의 신이 되어야 할 필요가 있다. 부모가 먼저 독서의 신이 되면 자녀는 저절로 될 것이다. 이렇게 해서 독서의 신이 차고 넘치는 사회가 되면 공부의 신이 차고 넘치는 사회보다 몇 백 배는 더 수준 높은 사회가 되고 남을 것이다.

서양의 명문가들에는 반드시 저마다의 독특한 독서법을 가지고 있었다. 즉, 훌륭한 가문일수록 윗사람들은 확고한 독서법을 갖고 있었고, 그래서 자신이 가진 것을 자녀들에게 좀 더 잘 전수할 수 있었던 것이다.

탁월한 독서법으로 자녀를 천재로 키운 대표적인 사례가 존 스튜어트 밀가일 것이다. 처음에는 둔재였지만 부모의 탁월한 독서법을 전수받고서 19세기 영국을 대표하는 사상가로 두각한 것이다. 타고난 능력이나 비범한 지능을 갖고 태어나지 않았지만 아버지로부터 집중적인 독서 훈련을 받으면서 그는 독서법을 익히고 숙달할 수 있게 되었다. 그는 아버지로부터 책을 읽는 방법에 대해서 가르침을 받고 매일 훈련을 했다. 아침마다 아버지와 함께 토론을 하면서 독서의 세계에 빠져들기 시작했다. 당시 영국 공리주의 지도자였던 아버지 제임스 밀은 스튜어트 밀에게 독서 기술을 가르쳐주고 훈련시키기에 최고의 존재였던 것이다.

여기서 우리가 배워야 할 것은 당신이 제대로 된 독서법을 가지고 있지 않다면 당신의 자녀들에게도 그것을 가르쳐줄 수 없다는 것이다. 그리고 당신이 자녀라면 당신부터라도 가문이 훌륭한 독서법을 가지고 있는 명문가가 되도록 만들라는 것이다. 당신이 당신의 부모님들은 왜 그런 독서법이 없느냐고 원망하면서 세월을 낭비하게 된다면 당신의 자녀들도 똑같이 당신을 원망하게 되고, 그것은 대대로 이어지게 된다는 사실을 명심하라.

《존 스튜어트 밀의 자서전》에 보면, 그가 자기 아버지로부터 받은 독서 훈련 덕분에 자신이 또래들보다 25년이나 앞설 수 있었다고 말하는 대목이 나온다.

> 내가 만약에 무슨 일을 해낼 수 있었다면 그것은 운이 좋은 것도 있지만, 내가 아버지부터 받은 초기 훈련의 모든 것을 통해 같은 내 또

래의 사람들보다 4분의 1세기 빨리 출발했다는 사실 덕택이라 해도 과언이 아니다.

존 스튜어트 밀의 아버지가 가르쳐준 독특한 독서법은 한마디로 책을 읽게 한 후 그 내용을 잊기 전에 입으로 말할 수 있도록 유도하는 토론식 독서법이라고 간단하게 정리할 수 있을 것 같다.

윈스턴 처칠가에도 독서법이 있었다. 윈스턴 처칠은 지독한 꼴찌였다. 그는 초등학교 때부터 고등학교 때까지 줄곧 꼴찌였다. 이러한 사실은 그의 자서전 《처칠, 나의 청춘기》에 잘 나타나 있다.

> 그 때문에 학교에 찾아오는 많은 사람들은 언제나 계단에서 기다리다가 내가 지나가는 것을 보곤 했었다. 그리고 나는 흔히 "어머, 저 애는 꼴찌 아니야" 하는 언짢은 말을 듣곤 했었다. 나는 그 창피스러운 광경을 거의 만 1년간이나 계속했다.

그가 얼마나 심한 꼴찌였으면 학교에 찾아오는 많은 사람들이 그 사실을 알고 있었겠는가? 처칠은 이렇게 도를 넘었다. 하지만 그에게는 집안 대대로 내려오는 독서법을 가지고 있는 사람이 있었다. 그 사람은 바로 처칠의 어머니였다. 그의 어머니는 영국 최고 가문 출신이었다. 그리고 그것이 의미하는 운 좋은 사실은 그녀에게는 영국 최고의 독서법이 있다는 것이었다. 처칠은 영국 최고 가문에서 전해 내려오던 독서법을 자연스럽게 배우고 접할 수 있게 되었던 것이다. 만약에 처칠의 어머니가 자라면서 영국 최고의 독서법을 습득하지 못했거나 그런 집안의 사람이 아니었다면 우리가 알고 있는 윈스턴 처칠은 존재하지 않았을지도 모를 일이다.

처칠은 운이 좋게도 영국 최고의 독서법을 접할 수 있게 되었다. 그렇게 되자 짧은 기간 동안에 엄청난 변화가 그에게 발생하게 되었다. 처칠의 어머니는 자기가 자라면서 배운 독서법을 처칠에게 전수해주기 시작했고, 그 방법대로 그는 하루에 4시간 내지 5시간을 매일 독서할 수 있게 되었다. 그의 자서전 《처칠, 나의 청춘기》에 보면 그가 약간 색다른 방법으로 독서를 하기 시작했다는 사실을 암시하는 글이 있다.

> 11월에서 5월에 걸쳐 나는 매일 4시간 내지 5시간 역사와 철학을 읽었다. 플라톤의 《공화국》, 아리스토텔레스의 《정치론》, 쇼펜하우어의 《염세론》, 맬서스의 《인구론》, 다윈의 《종의 기원》 그 밖의 보다 가벼운 내용의 책도 아울러 읽었다. 그것은 약간 색다른 공부법이었다.

윈스턴 처칠은 영국 최고의 명문가에서 태어나 자란 어머니 덕분에 영국 최고의 명문가에서 전해 내려온 독서법을 배울 수 있게 되었다. 최고의 독서법을 배우게 되자 그는 독서의 신이 될 수 있었고, 독서의 신이 되자 그는 영국인들이 가장 좋아하는 위대한 인물이 될 수 있었던 것이다.

노벨문학상을 배출한 헤르만 헤세가, 대통령을 배출한 케네디가와

루스벨트가, 세계 최고의 부자를 배출한 카네기가, 위대한 정치가이자 노벨문학상을 배출한 윈스턴 처칠가 등등 세계 명문가들은 모두 자녀들을 무엇보다도 먼저 탁월한 독서의 신들로 만들었다는 공통점이 있다. 위대한 명문가에서 태어난 이들은 그 덕분에 독서의 신으로 성장해 나갈 수 있었다.

그러한 가문에서 태어나지 못했지만 스스로 독서의 신이 되어 위대한 인물이 된 사람들도 적지 않다. 그런 사람들은 자기 자신부터 명문가를 만들어 자신의 독서법을 자녀들에게 전수하기 시작했을 것이다. 그러므로 자기 집안에 독서법이 없다고 누군가를 원망할 필요는 없다. 무엇이든 최초가 되면 된다. 당신의 집안에 독서법의 원조가 되면 되는 것이다. 이 책의 존재 목적 중에 하나가 바로 이것이다.

당신이 독서의 신이 되면, 당신의 독서법은 당신의 가문에 대대로 전수될 수 있을 만큼 훌륭한 독서법인 것이다. 그러므로 당신이 해야 할 일은 독서의 신이 되는 것이다.

일제 치하와 6·25로 한반도에 독서법이 사라졌다

조선 시대까지 우리나라에는 집집마다 나름의 독서법을 가지고 있었다. 자녀들에 대한 교육법 중에 가장 중요한 것이 책을 읽는 방법에 대한 것이었다. 그래서 500년 동안 조선 왕조가 부흥을 이어왔던 것이다. 물론 이때까지는 한자를 토대로 한 책들이 거의 대부분이었다고 할 수 있다. 이후 일제 강점기 35년 동안 한국인들에게는 제대로 된 독서 교육이 부재했다. 더 큰 문제는 한글로 된 활자 미디어가 사라졌다는 점이다. 35년 동안의 시기에 한국인들의 독서법은 사라졌다고 말해도 과언이 아닐 만큼 피폐한 시기를 견뎌내야 했다. 이때와 함께 3년 동안의 한국 전쟁은 한국인들에게 더욱더 많은 것들을 빼앗아 갔다. 이러한 뼈아픈 시기를 보내면서 한국인들은 독서에 집중할 수가 없었다. 그저 생존과 독립이 최우선 과제였다.

내가 생각하기에 이 시기에 일본은 독서국민을 만들어 나갔다. 근대 일본을 성장시키고 발전시킨 힘은 독서였다. 조선 시대까지만 해도 일본이 따라올 수 없을 정도로 발전된 국가였고 왕조였던 대한민국은 35년 동안의 일제 강점기를 통해서 그 성장과 발전이 멈추게 되었다. 그 어떤 손실보다 더 큰 손실은 조선의 명문가문에 대대로 내려오던 독서법의 전통이 사라지게 되었다는 것이다. 독서를 하고 안 하고는 지금 당장 그 결실이 나오는 것은 아니다. 하지만 십 년 후 혹은 이십 년 후에는 비교가 되지 않을 정도로 큰 차이를 만드는 것이 독서다.

중요한 것은 좋은 서재를 갖추는 것이 아니라 좋은 독서법을 물려주는 것이라고 나는 생각한다. 그런데 지금 한국 사회의 기성세대들은 자신들이 가지고 있거나 물려받았거나 스스로 만들어낸 좋은 독서법을 가지고 있는 이들이 전무하다.

한국 사회의 가장 큰 문제는 독서법을 가르치면서 먹고사는 독서법 강사들과 전문가들조차 너무 이론에만 치중된 독서법을 학생들에게 가르치고 있다는 것이다. 이런 독서법은 현실과 동떨어져 있다. 그래서 자녀들과 아이들이 그것을 그대로 따라하게 되면 효과가 미비하게 된다.

더 큰 문제 중에 하나는 독서법 강사나 전문가들이 정말로 제대로 된 독서의 방법을 모르고 있다는 것이다. 그들도 역시 독서의 신이 되어 본 적이 없다. 음악의 신이 음악 학원 강사를 하지 않을 가능성이 높은 것처럼 말이다. 그래도 음악 학원에서 피아노를 가르치는 이들은 대학교에서 음악을 전공한 사람들이다. 그런데 문제는 독서법에 대해서는 정규 교육이나 대학교가 없기 때문에 누구나 쉽게 독서법 강사가 될 수 있고, 독서법 전문가라고 말할 수 있다는 것이다. 그런 사람들 중에 정말 독서의 신이라고 할 수 있는 사람들은 당연히 적을 수밖에 없다. 그렇다면 독서의 신은 어떤 사람이어야 할까?

사람마다 그 기준은 분명 다르겠지만 내가 생각하는 독서의 신, 독서의 대가, 독서의 전문가가 갖추어야 할 자격 조건은 다음과 같다.

1. 수천 권 이상의 많은 책을 독파해낸 경험이 있어야 한다.
2. 그 과정을 통해서 남이 만들어 놓은 독서법이 아닌 자기만의 독특한 독서법을 창안하고 그것을 하나의 독서법으로 발전시켜 놓은 사람이어야 한다.
3. 수 년 동안의 독서 경험과 자신이 만들어 놓은 독서법에 관한 책을 최소한 서너 권 이상 쓰고 출간한 경험이 있어야 한다.
4. 가장 중요한 조건은 자기 자신이 먼저 독서를 통해 인생이 완전하게 달라진 경험을 가지고 있어야 한다.

마지막 조건인 독서를 통해 인생이 완전하게 달라지고 바뀐 경험을 가진 사람은 앞에 세 가지 조건 중에 하나가 없다고 해도 독서의 신이라고 나는 인정해줄 것이다. 중요한 것은 독서를 통해 인생이 바뀌었는지 아니면 달라진 것이 하나도 없는지이기 때문이다. 그런 점에서 지금 학원에서 독서법을 가르치는 독서법 강사나 독서법 전문가들이 독서를 통해 완벽하게 인생이 달라진 사람인지 아니면 그저 독서법 강의를 통해 먹고사는 사람인지를 분별해야 한다는 것이다.

재미있는 사실은 독서를 통해 인생이 달라진 사람들은 독서법 강의를 안 해도 먹고살 수 있고, 독서법 관련 책을 출간하지 않아도 먹고사는 데 전혀 지장이 없다는 것이다. 독서법 강의를 안 하고, 독서법 책 말고는 출간한 경험이 없는 그런 사람일수록 믿을 수 없는 독서법 강사이거나 독서법 전문가일 수 있다고 나는 생각한다.

한국 사회가 일제 치하와 한국 전쟁을 통해 제대로 된 독서법이 사라지게 되자, 소경이 소경을 인도하는 현상이 독서법에도 그대로 나타나고 있다는 사실은 개탄을 금치 못하게 하는 일이 아닐 수 없다.

서재를 두기 전에
먼저 독서법을 만들어라

대한민국 사회에 한때 서재 만들기 열풍이 분 적이 있다. 국민들이 해도 해도 너무 책을 안 읽었기 때문이다. 하지만 나는 이 운동에 반대한다. 서재를 만들어 놓는다고 해서 독서의 신이 되는 것은 아니기 때문이다.

독서 습관을 익히는 것보다, 멋진 서재를 만들어 놓는 것보다 먼저 해야 할 것은 독서법을 제대로 만들어야 한다는 사실을 나는 강조하고 싶다. 독서법을 제대로 배우고 익힌 학생들은 독서 습관이 자연스럽게 생길 수밖에 없고, 책을 자꾸 읽게 될 수밖에 없다. 그렇게 되면 서재도 저절로 만들어지는 것이다.

닭을 만들기 위해 닭부터 만들 수는 없다. 닭으로 하여금 알을 낳게 하면 그 알이 자연스럽게 부화되면 병아리가 되고, 병아리가 아무 탈 없이 잘 크면 닭이 되는 것이다. 이러한 순서를 무시해서는 안 된다. 독서에도 이러한 순서가 있는 법이다. 무조건 닭을 만들 수 없듯이 독서를 하기 위해서는 올바른 독서법을 만드는 것이 매우 중요하고 필수다. 아무리 좋은 스키 장비나 자전거나 자동차를 구입해 놓는다고 해도 그것을 제대로 탈 수 있는 기술이 없다면 무용지물이다.

 서재가 있으면 책을 읽게 될 것이라고 생각하는 것은 너무 안일한 생각이다. 아무리 좋은 서재가 있다고 해도 독서의 기술을 제대로 익힌 사람이 아니라면 그 서재를 활용할 줄 모르게 된다. 서재는 그 순간 장식용으로 전락하게 된다.

 서재가 갈수록 장식용이 되어 가는 이유는 순서가 바뀌었기 때문이다. 독서법을 제대로 배운 사람들은 독서를 하지 않을 수 없게 된다. 독서의 세계는 너무나 무궁무진하기 때문이다. 그 결과 독서를 제대로 할 수 있는 사람들은 전쟁을 하기 위해 전쟁터에 가면서도 책을 가지고 갔고, 실제로 책을 읽었던 것이다.

 독서는 그 어떤 행동보다 더 창조적인 활동이다. 그런데 독서의 기술을 제대로 알고 있지 못한 사람은 그 어떤 창조도 하지 못하게 된다. 그렇기 때문에 독서의 기술을 익히고 숙달시키는 것이 훨씬 더 중요한 것이다.

 세계 최고의 부자인 워런 버핏은 훌륭한 독서법으로 인해 세계 최고의 투자가라는 명성을 얻은 인물이다. 그는 독서가 최고의 성공 비결이라고 주장한다.

 "당신의 인생을 가장 짧은 시간에 가장 위대하게 바꿔줄 방법은 무엇인가? 만약 당신이 독서보다 더 좋은 방법을 알고 있다면 그 방법을 따르기 바란다. 그러나 인류가 현재까지 발견한 방법 가운데서 만 찾는다면 당신은 결코 독서보다 더 좋은 방법을 찾을 수 없을 것이다."

여기서 분명히 알아두어야 할 사실은 그가 강조한 것은 독서라는 것이다. 서재가 아니라는 것이다.

소크라테스도 역시 독서를 강조했다. 그는 단순히 독서를 강조한 것이 아니라 많은 책을 읽으라고 강조했다.

"남의 책을 많이 읽어라. 남이 고생한 것을 가지고 쉽게 자기 발전을 이룰 수 있다."

소크라테스가 말했듯 자기 발전을 위한 최고의 방법은 바로 독서다. 그리고 남의 책을 많이 읽는 최고의 방법은 독서법을 갖추는 것이다. 스키를 많이 타고 즐기기 위해서는 반드시 스키 타는 방법을 먼저 배워야 하고, 더욱더 숙달할 수 있도록 꾸준히 연습해야 한다. 스키를 즐기기 위해 스키 타는 방법은 배우지 않고 스키 장비를 좋은 것으로 구입하는 것에 먼저 치중하는 것은 옳지 않다.

스키를 처음 배울 때는 필요한 장비를 빌려서 기초를 다지고 어느 정도 수준이 높아져서 스키를 즐길 수 있을 정도가 되었을 때 자신의 취향에 따라 스키 장비를 구입하는 것이 좋다. 왜냐하면 초보자용 스키 장비는 한두 달만 타면 더 이상 탈 수 없지만 중급자용 이상의 스키 장비는 한번 사면 초급자용보다 훨씬 더 오래 탈 수 있기 때문이다.

독서의 초보자들은 장식용에 가까운 서재를 만들 수밖에 없다.

그래서 독서의 수준이 높아지면 그때부터는 서재를 이용하는 것이 불편하다는 것을 느낄 수 있다. 하지만 독서의 기술이 어느 정도 높아진 사람들은 오랫동안 불편함이 없는 서재를 만들 수 있게 된다.

독서법의 수준 차이가
인생의 **질을 좌우**한다

왜 독서는 인생을 바꿀 수 있지만 게임은 그 자체로 인생을 바꿀 수 없는 것일까? 이것은 드라마나 예능을 아무리 많이 봐도 인생이 달라지거나 사람이 성장하거나 발전하지 않지만, 독서를 많이 하게 되면 인생이 바뀌고, 사람 그 자체가 성장하고 발전하는 것과 같은 맥락의 질문일 것이다. 한마디로 독서를 할 때 인간의 뇌는 그 어떤 다른 활동을 할 때에 비해서 가장 활발하게 전반적으로 움직이기 때문이다.

기능적인 측면에서 활발하게 움직인다는 것은 그렇게 큰 의미가 없을지도 모른다. 하지만 여기에 인간의 생각이 접목되어 인간의 뇌가 가장 전반적으로 활발하게 움직일 수 있도록 해주는 행위는 독서뿐이다. 그런 점에서 독서를 많이 한다는 것은 우리의 뇌를 최고의 상태로 만들기 위해 훈련을 많이 했다는 것을 의미한다. 독서력과 함께 근력과 체력도 많이 훈련한 사람이 무슨 일이든 더 잘하는 것은 자연의 보편적인 이치다.

그런데 문제는 독서의 기술이 서툰 초보자들이다. 특히 독서를 그저 입으로 암기하거나 이해만 하면 되는 것이라고 착각하면서 독서의 기술을 익히고 숙달하기 위해 그 어떤 노력도 하지 않고 그저 책을 맹목적으로 대하는 사람들이다. 이런 사람들에게 책을 읽는다는 것은 인생을 살아낼 수 있는 힘과 지혜를 키워주는 행위가 아니라 그저 앵무새처럼 읽은 책의 내용을 입으로 말하고, 눈으로 보고, 귀로 스쳐 지나가는 그런 행위에 불과하다.

나는 책을 읽는다는 것은 그 책의 정신과 영혼과 지혜가 내 생각과 의식 속에 몽땅 녹아들게 하는 것이라고 생각한다. 내 의식 속에 그 책의 핵심 의식이 녹아들어 조금 더 나의 의식과 생각이 커지는 것이다. 그렇게 한 권 한 권이 축적되면 결국 나의 의식의 크기는 매우 커지고 깊어지고 넓어지게 된다.

이것은 절대로 지식의 크기나 넓이가 아니다. 앞으로 살면서 평생 밑천이 되어 줄 독서는 지식이 아니라 의식과 관련된 것이어야 한다. 독서법 수준의 차이가 인생의 질을 좌우하게 된다. 독서법의 수준 차이에 따라서 의식 변화의 정도가 결정되기 때문이다. 독서법이 훌륭한 사람일수록 독서를 즐길 수 있게 된다. 독서를 즐길 수 있는 사람만이 평생 책을 읽게 된다. 평생 책을 읽는 사람과 잠시 한때만 책을 읽은 사람은 갈수록 격차가 생긴다.

독서법의 중요성은 과거보다 지금이 더 절실하게 높아졌다. 그리고 지금보다 앞으로는 훨씬 더 높아질 것이다. 그 이유는 무엇일까? 시대가 바뀌어서 지금은 수없이 많은 책들이 쏟아져 나오기 때문이다. 매일 150권에서 200권 정도의 책이 출간된다. 그렇기 때문에 독서의 기술이 없는 독자들은 읽어야 할 책의 숲에서 길을 잃게 된다. 반면에 독서의 기술이 높은 독자들은 환호성을 지르고 열광하며 책의 숲에서 길을 잃지 않고 다다익선을 즐기고 누린다. 독서의 기술은 넘치는 책들을 자신에게 유익한 것으로 전환하는 기술이라고 할 수 있다.

알렉산더 포프의 표현대로 하자면, '무식하게 책만 읽는 멍청이들'이 되느냐 아니면 '유연하게 책을 통해 인생까지 바꾸는 그런 똑똑한 친구들'이 되느냐는 당신이 지닌 독서의 기술에 달렸다. 강연에 나가면 많은 질문을 받게 되는데 그중에 하나가 "무조건 닥치는 대로 책을 읽는지 아니면 읽기 전에 도서 목록을 작성해서 읽는지"다.

나는 이런 질문을 받게 되면 0.1초도 망설이지 않고 답한다.

"저는 닥치는 대로 모든 책을 읽습니다."

무조건 닥치는 대로 모든 책을 읽는다는 말은 아니다. 나는 도서관에서 닥치는 대로 모든 책을 읽지만, 몇 초 안에 그 책이 내게 좋고 유익한 책인지, 재미있고 즐겁고 신나는 모험을 하게 해주는 책인지, 지금 이 시기에 읽으면 좋은 책인지 아니면 몇 년 후에 읽어야 좋은 책인지 아니면 영원히 읽지 않아도 될 책인지를 판단한다. 그러고 나서 나는 필요에 의해 선별된 책들만을 읽는다. 그렇기 때문에 나는 무조건 닥치는 대로 책을 읽는 것이지만, 즉석에서 선별해서 책을 읽는 것이기도 하다.

문제는 닥치는 대로 책을 아무거나 읽는 것이다. 그렇게 되면 시간과 에너지를 투자한 것에 비해서 얻는 것이 적을 수밖에 없다. 책을 잘 읽는다는 것은 빨리 선별해낼 수 있다는 것도 의미한다. 그래서 독서의 기술은 책을 선별할 수 있는 능력도 포함되는 것이다. 그렇기 때문에 수없이 많은 책들이 쏟아져 나오는 이 시대에 인생의 질을 결정하는 것은 독서가 아니라 독서법의 수준 차이라고 말할 수 있다.

독서의 **목적은** **사색**이다

영국의 정치 사상가인 존 로크는 책의 기능이 생각보다 크지 않다고 말했다.

"책은 다만 지식의 재료를 던져줄 뿐, 그것을 자신의 것으로 만들기 위해서는 사색의 힘이 필요하다."

여기에 마크 트웨인도 한몫했다.

"당신에게 가장 필요한 책은 당신으로 하여금 가장 많이 생각하게 하는 책이다."

존 로크와 마크 트웨인의 말대로 책은 다만 재료를 던져줄 뿐이고, 당신이 필요로 하는 책은 가장 많이 생각하게 하는 책이다. 독서한 것을 자신의 것으로 만들어 자신을 성장시키기 위해서는 결국 자신에게 힘이 있어야 한다. 그것은 바로 사색할 수 있는 힘이다. 그리고 그것은 다른 말로 독서의 기술이다.

독서할 수 있는 기술은 다른 말로 책을 통해 사색할 수 있는 힘을 의미한다. 그것이 클수록 친구들은 독서를 통해 더 많은 것을 얻게 된다. 그 결과 독서의 기술이 평생 살아가는 데 든든한 밑천이 되어 주고도 남는 것이 되는 것이다. 독서의 기술, 즉 사색이 중요한 이유 중에 하나는 사색을 통해서 얻은 것만이 자신의 것이 되기 때문이다.

이런 사실에 대해서 잘 말해주고 있는 위인들이 한두 명이 아니다. 서양의 대문호인 톨스토이도 역시 그런 위인 중에 하나다. 그는 사색의 중요성을 강조하여, 사색에 의해서 얻어진 것만이 자신의 참된 지식이 될 수 있다고 말한 적이 있다.

"기억에 의해서가 아니라 사색에 의해서 얻어진 것만이 참된 지식이다."

위대한 철학자 프랜시스 베이컨도 사색을 위한 독서를 강조했다.

"반대하거나 논쟁하기 위해 독서하지 말라. 그렇다고 해서 있는 그대로 수용하기 위해서도 독서하지 말라. 그저 자신이 생각하고 연구하기 위해서 독서하라."

서양의 인물들만 이러한 사실을 얘기한 것은 아니다. 찾아보면 동양의 현인들도 이구동성으로 독서는 사색을 위해서 하는 것이고, 책을 읽는 것보다 사색하는 것이 더 중요하다고 말했다. 《논어》를 보면 공자가 "배우고 생각하지 않으면 어둡고, 생각만 하고 배우지 않으면 위태하다"라고 말한 적이 있음을 알 수 있다. 맹자도 역시 공자의 이 말과 비슷한 말을 한 적이 있다. 《맹자》라는 책을 보면, "생각하면 얻고 생각하지 않으면 얻지 못하게 된다思則得之 不思則不得也"라고 말한 적이 있다.

독서를 잘하는 사람과 못하는 사람을 가르는 것은 문장 독해력이 아니라 사색의 힘인 것이다. 얼마나 많은 시간을 독서를 하면서 동시에 사색을 하고, 사고를 확장시켜 나갈 수 있는가 하는 것이 바로 독서력의 가장 본질적인 힘인 것이다. 그렇기 때문에 단순히 책을 많이 읽었다거나, 책의 내용을 빨리 볼 수 있다거나, 독서 습관을 가지고 있다거나 하는 것들을 토대로 해서 그 사람이 독서의 기술이 좋다거나 좋은 독서법을 가지고 있다거나 독서력이 훌륭하다고 말해서는 안 된다.

시중에 나온 책 중에서 어떤 책을 보면 정말 기가 막히는 내용이 있다. 그렇기 때문에 독자들은 다양한 책들을 많이 읽은 후에 말도 되지 않는 소리를 하는 책은 빨리 뒤로 빼놓고 더 이상 눈길도 주지 않아야 한다.

조선 선비들의 독서법은 다른 나라 위인들의 독서법보다 훨씬 더 중요한 가치가 있다. 그것은 우리 민족, 우리 선조들의 독서법이기 때문이다. 우리의 선조들은 우리들과 같은 DNA를 가지고 있기 때문에 그 어떤 다른 나라의 독서법보다 더 친숙하고 더 잘 맞는 경향이 있다고 나는 생각한다.

우리 선조들 중에 유학에 통달하여 살아 있을 때부터 유종儒宗 유학에 통달한 권위 있는 학자이라고 불렸던 학자가 있다. 바로 퇴계 이황이다. 16세기 중엽을 대표하는 성리학자인 퇴계 이황은 어떻게 해서 그렇게 위대한 주자학을 집대성한 대학자가 될 수 있었던 것일까? 그것은 바로 그의 사색하는 독서법 때문이었다고 나는 생각한다.

그 당시 많은 유학자들이 그저 단순하게 주자학을 받아들여 실천하는 데 불과했지만 퇴계 이황은 그런 앵무새 같은 학자가 아니었다. 그는 깊이 사색하고 또 사색하여 사상적으로 깊은 학자가 되었던 것이다. 이러한 사실은 《공부에 미친 16인의 조선 선비들》이라는 책에 잘 나타나 있다.

> 이황의 공부 방법은 반복 학습이었다. 같은 책을 수없이 되풀이하여 읽는 바람에 책이 너덜너덜해졌다. 그러나 단순하게 읽기만 한 것이 아니라 책의 내용을 완전히 이해하기 위해 사색했다. 사색은 의문에서 시작된다. 김종직, 김굉필, 조광조는 성리학의 대가들이었으나, 성리학을 학문적으로 체계화하지는 못했다. 그래서 훗날의 사가들은 그들의 학문이 거칠고 정묘하지 않다며 비판하기도 했다. 그러나 이황은 사색을 통해 성리학을 사상적으로 체계화할 수 있었다.

한마디로 사색은 독서에 있어서 가장 중요한 부분이다. 독서의 알맹이가 사색이기 때문이다. 그런데 많은 사람들이 독서를 하고 나서 사색을 생략해 버린다. 그렇기 때문에 독서의 기술이 필요한 것이다.

독서의 신을 만드는
의식 개혁

"최고가 되면 세상을 보는 눈이 달라진다. 그리고 그로 인해 모든 것이 달라진다."

내가 좋아하는 이 말은 내가 직접 만든 말이다. 정확히 이런 말을 한 사람은 아무도 없을 수도 있고, 이 넓은 지구 어딘가에 있을 수도 있다. 하지만 내가 의미하고자 하는 뜻을 정확히 아는 사람은 단 한 사람도 없을 것이다. 비범하게 사는 사람이 보는 세상은 평범하게 사는 사람이 보는 그것과 물리적으로는 같은 세상이지만 본질적으로는 서로 다른 세상이라고 나는 생각한다.

독서를 잘하지 못했던 40대까지의 내 삶은 평범한 삶이었다고 할 수 있다. 부자가 되지는 못했지만 돈도 조금 벌고 사회적 지위도 있고 직장도 안정되어 있었지만 그것이 비범한 삶은 아니었다. 그러한 삶을 살 때 내가 만난 세상은 할 수 있는 것과 할 수 없는 것으로 나

뉘어져 있는 세상이었다.

  하지만 지금은 그때와 다르다. 비범한 삶이라고 해서 꼭 엄청난 돈을 벌고, 크게 유명해져야 하거나 어마어마한 능력을 가져야 하는 것은 아니다. 자신의 힘으로 삶을 개척해 나가면서 대부분의 사람들과 약간은 다르게 살면서 자신의 노력으로 무엇인가를 해낼 수 있다면 그것이 비범한 삶이라고 할 수 있을 것이다.

  그런 점에서 비범한 삶을 살게 되자 더 이상 세상은 이전의 세상이 아니었다. 그전에는 보이지 않았던 것들을 볼 수 있게 되었고, 그 결과 전혀 다른 세상에서 살고 있는 것처럼 느껴지기도 한다. 독서의 신이 되기 위해 필요한 의식의 변화는 바로 이것이다. 전혀 다른 시각으로 세상을 바라보고 그렇게 새롭게 인식하게 된 세상을 당당하게 살아나가는 것이다.

  가장 중요한 인식의 변화는 무엇보다 책에 대한 의식 개혁일 것이다. 그전에는 책은 매우 신성한 것이고, 어려운 것이고, 반드시 처음부터 끝까지 한 글자도 빼놓지 않고 다 읽어야 하는 의무와 강요의 대상이었다. 한마디로 고통과 괴로움이었다.

  하지만 의식이 달라지자 책은 전혀 다른 존재가 되었다. 책은 매우 신나는 모험이고, 어디서든 언제나 쉽고 즐겁게 펼쳐 볼 수 있는 것이고, 아무 곳이나 마음 가는 대로 읽어도 되며, 반드시 처음부터 끝까지 다 읽을 필요가 없고, 무엇보다 읽을 수 있는 권리와 자유의 대상이 되었다. 한마디로 기쁨과 즐거움이었다.

  과거에는 한 권 한 권의 책이 매우 중요했다. 그래서 그 책을 읽었느는지, 안 읽었는지가 매우 관건이 되었고, 그것은 어떤 의무를 강요했다. 하지만 이제 한 권의 책은 셀 수 없이 많은 책들로 이루어진 책의 바다를 구성하는 한 방울의 물방울이라고 생각한다. 그렇기 때문에 한 권을 완벽하게 다 읽는 것과 한 권의 핵심 내용을 순식간에 파악하고 자신의 것으로 섭취하는 것은 거의 차이가 없을 정도로 동일한 행위다. 조금 더 쉽게 이야기하자면, 한 권의 책은 이 지구상에 있는 모든 책들의 한 문장에 불과하다는 것이다.

한 문장을 읽고 많은 것을 배우고 자신의 것으로 소화할 수 있는 사람이 되는 것이 독서의 신이 되기 위해 필요한 새로운 의식이라고 나는 생각한다. 결론은 이것이다. 이 말을 기억해주었으면 좋겠다.

"한 권의 책은 하나의 문장에 불과하다."

친구들이 독서의 신이 되기 위해서는 반드시 독서에 대해 갖고 있는 잘못된 선입견들을 과감하게 버려야 한다. 내가 생각하는 책에 관한 잘못한 선입견들은 이런 것들이 있다.

1. 책은 신성하고 소중한 것이다.
2. 책은 반드시 처음부터 읽어야 한다.
3. 책은 반드시 끝까지 다 읽어야 한다.
4. 책에 낙서를 해서는 안 된다.
5. 책을 찢어서는 안 된다.
6. 책의 내용은 모두 옳은 말이다.
7. 책은 아무나 쓸 수 없는 것이다.

8. 책은 반드시 순서대로 읽어야 한다.

9. 책은 반드시 정자세로 읽어야 한다.

10. 책 읽기는 교육이다.

11. 책 읽기는 의무이고, 하기 싫어도 해야 한다.

이러한 생각을 많이 가지고 있고, 강하게 가지고 있는 사람일수록 독서의 신이 될 확률이 낮다. 독서의 신들은 상당히 유연한 생각들을 가지고 있다. 독서의 신들이 최소한 한두 가지는 가지고 있는 생각들은 이런 것들이다.

1. 한 권의 책에 모든 것이 담겨 있는 것은 아니다.

2. 책은 언제나 완전하지 않다.

3. 책은 아무데나 어디서든 볼 수 있는 것이다.

4. 책은 마음대로 읽으면 된다.

5. 책은 재미있는 장난감이다.

6. 책은 기쁨이고 즐거움이고 힐링이다.

7. 책 읽기는 인간이 매일 밥을 먹듯이 매일 하는 것이다.

8. 책 읽기는 하나의 중독이다.

9. 책은 처음부터 끝까지 읽어야 하는 것은 절대 아니다.

10. 책은 인생의 동반자이고, 스승이고, 친구이고, 애인이다.

11. 독서는 숨을 쉬는 것과 같이 자연스러운 행동이다.

소가 수레를 끌고 가듯, 당신의 생각이 당신을 이끌고 갈 것이다. 생각은 때로는 행동보다 더 중요하다. 방향과 목적지를 결정하기 때문이다.

1323청춘을 위한
독서의 기술

이 세상에는 수많은 독서법 관련 서적이 있다. 그중에는 물론 이 책보다 더 깊이가 있고, 좋은 책도 많다. 하지만 중요한 것은 자기 자신에게 가장 잘 맞는 독서의 기술은 자기 스스로 계발해야 한다는 것이다. 독서의 신은 저마다 자기 자신의 독서의 기술을 만들어낸 사람들이다. 그런데 이 세상에는 공짜란 없다. 독서의 기술을 그저 한두 달 안에 익힐 수 있는 사람은 없다는 것이다. 그리고 더 중요한 사실은 당신이 투자한 만큼 얻게 된다는 것이다. 독서가 중요하다는 것은 알지만 평생 살면서 어떻게 몇 개월 혹은 몇 년을 독서만 하겠다고 생각하지 않는가?

여행은 몇 주씩 심지어 안식년을 맞이한 사람들은 1년 정도를 여행하고자 계획을 세우는 사람들이 많다. 하지만 독서는 중요하다고 말하면서 긴 인생을 살면서 고작 1년 혹은 3년 정도를 독서만 하겠다고 생각하고 결단하는 사람은 찾아보기 힘들다. 이것이 가장 안타까운 일이다.

평균 수명이 90세에 도달하고 있다. 평균 수명을 90세라고 볼 때 그것을 하루 24시간으로 따지면 3년이란 기간은 하루에 48분에 불과하다. 그렇기 때문에 3년 정도는 자신의 인생을 위해서 투자한다고 생각한다면 독서를 위해 오롯이 투자하는 사람이 적지 않아야 한다. 이런 사람들이 제발 많이 나오기를 바란다. 1323세대들은 방학 때나 군대 생활을 하거나 휴학을 해서 책만 읽을 수 있는 기회를 오히려 쉽게 만들 수 있다. 뜻이 있는 곳에 길이 있다. 뜻을 세우는 것이 가장 중요하다.

독서의 신들의 독서 기술을 정리하면 이런 것들이 있을 것이다.

1. 처음에는 닥치는 대로 읽어라. 독서의 산전수전을 다 경험해 보아야 한다. 이론으로 될 수 없다. 엄청나게 많은 책을 경험해 볼 때 독서의 기술이 생기는 것이다.

2. 닥치는 대로 읽으면서 자신만의 독서의 기술을 만들어 나가라. 무턱대고 많이 읽기만 해서는 안 된다. 많이 읽으면서 자신만의 노하우를 계속해서 터득해 나가야 한다. 여기서 생각하면서 읽는 독자와 생각 없이 읽는 독자가 갈리는 것이다.

3. 노트, 일기, 메모, 필사, 초서, 요약, 정리, 분류, 글쓰기를 이어서 해나가라. 독서의 3할은 눈으로 책을 읽는 것이고 나머지 7할은 사색과 노트와 정리와 글쓰기로 이어져야 한다. 위대한 독서

가들은 하나같이 읽기와 쓰기를 하나라고 생각한다.

4. 독서는 책을 읽는 행동이 3할 정도여야 한다. 눈으로 책을 읽었다는 것은 독서의 한 단계를 시작했다는 것에 불과하다. 절대 눈으로 책을 읽고서 그것을 독서했다고 말해서는 안 된다. 왜냐하면 하루나 이틀 후에, 혹은 일주일 후에 자신에게 남는 것이 하나도 없기 때문이다. 인간은 누구나 스스로를 기만하면서 살아가고 있다. 여기에 독서도 포함된다.

5. 진짜 독서는 사고력을 확장시켜 전혀 다른 세상을 탐험하고 여행하는 것이다. 1,000권 혹은 100권의 책을 읽었다면 그 이전에는 보지 못했던 세상이 보여야 하고, 생각하지 못했던 것들을 생각해낼 수 있어야 한다. 이러한 내면의 변화가 없다면 그것은 독서한 것이 아니라 독서의 껍데기만 핥은 것이고, 흉내만 낸 것이다.

독서의 신이 되기 위해서는 책의 세계에 자신을 집어 던져야 한다. 그 세계 속에서 숨을 쉬고, 웃고 울고, 때로는 책과 함께 거닐면서 책과 하나가 되어야 한다. 책의 숲에서 책의 향기를 맡으며 책의 영혼을 만나야 한다. 수백 아니 수천 개의 책의 영혼을 만나 교감이 이루어졌을 때 당신은 독서의 신이 될 수 있다.

독서의 고수는
책을 **수단으로** 삼지 **않는다**

옛글을 읽다 보면 독서를 제대로 한 사람과 독서를 잘못한 사람을 비유한 글을 쉽게 찾아볼 수 있다. 조금 쉽게 현대식으로 바꾸어 간단히 소개하면 이런 내용이다.

어떤 두 선비가 있었다. 두 선비 모두 《논어》를 좋아해서 자주 읽었다고 한다. 그런데 한 선비는 《논어》의 처음부터 끝까지 한 글자도 틀리지 않고 줄줄 외울 정도로 내용을 잘 알고 있었다. 그런데 다른 한 선비는 《논어》를 읽었지만 그 내용을 입으로 줄줄 외우지 못한다. 이 두 선비 중에 누가 독서를 제대로 한 사람일까? 지금으로서는 알 수 없다.

그런데 이 두 선비에게 비슷한 일이 생겼다. 한양으로 과거를 보러 가던 두 선비에게 매우 불쌍한 사람이 나타났다. 길거리에서 산적을 만나서 매우 큰 부상을 당하고 모든 노잣돈을 다 강탈당해서 위험한 상황에 놓여 있는 30대의 남자를 만난 것이다. 첫 번째 선비는 그 남자를 보고 그냥 지나쳐 갔다고 한다. 그런데 두 번째 선비는 그 남자를 보고 다음과 같이 이야기했다.

"내가 《논어》를 읽은 적이 있는데, 그 글자는 정확하게 기억이 나지 않지만, 말로만 하기 보다는 실천을 해야 한다는 것은 배웠다. 그래서 내 의식 속에 남아 있고, 나는 《논어》를 읽고 그 가르침 중에서 옳다고 생각한 것을 내 것으로 삼았다. 그래서 나는 당신을 도와줄 것이다. 그것이 배운 사람이 해야 할 인간의 도리이기 때문이다."

결국 두 선비 중에 한 명은 그냥 지나쳤고, 다른 한 선비는 자신이 배운대로 실천했던 것이다. 자, 누가 《논어》를 제대로 읽었다고 할 수 있을까? 입으로 줄줄 외우고 암기하고 이해를 했다고 해서 독서를 했다고 할 수 없다. 그것을 자신의 것으로 삼아야 하고, 자신의 생각과 견해의 일부분이 되도록 해야 한다.

《논어》에 보면 이런 말들이 나온다.

"군자는 말이 어눌하지만 실행은 민첩하게 한다." – '이인'편

"시 삼백 편을 한마디로 요약한다면 그 생각에 사특한 것이 없어야 한다." – '위정'편

"공자께서 말씀하셨다. 도에 뜻을 두고, 덕에 근거하며, 인에 의지하고, 예를 즐겨라." – '술이'편

친구들이 《논어》란 책을 읽었다면 그 책이 제시하는 인간으로서

실천해야 하는 삶이 어떤 삶인지에 대해 확고한 자신의 주관을 세워야 하고, 그 주관에 따라서 살아나가야 한다. 실천과 행동까지 이어지는 독서가 참된 독서라고 할 수 있나.

최악의 독서가는 책을 읽고 지식만 얻어서 지식을 자랑하고 떠벌리는 사람이다. 지식뿐만 아니라 정신과 의식을 얻은 사람은 절대로 자신의 지식이나 독서를 자랑하거나 떠벌리지 않는다. 그 이유는 지식은 그렇게 중요한 것이 아니라는 사실을 잘 알고 있기 때문이다. 뿐만 아니라 책을 읽을수록 자신의 지식이 보잘 것 없는 것이라는 사실에 대해 더욱 잘 알게 되기 때문이다.

나는 독서를 수단으로 삼는 자들을 경멸한다. 성공을 위해, 승진을 위해, 부자가 되기 위해, 남에게 뒤처지지 않기 위해, 교양을 쌓기 위해 손에 책을 드는 자들을 경멸한다. 이들은 독서를 통해 세상이 주지 못하는 것을 한 번도 만난 적도, 얻은 적도, 심지어 발견한 적도 없는 불쌍한 사람들이기 때문이다. 한마디로 독서를 수단으로만 삼는 자들은 독서의 참된 세계를 경험하지 못한다. 그런 점에서 독서의 하수라고 나는 말한다. 독서의 기술에도 등급을 나누자면, 하수와 중수와 고수가 있다.

독서의 하수들은 책을 읽고 그저 지식이나 정보, 새로운 사실에 대해 눈을 뜬다. 하지만 그러한 것들을 제대로 발견하지도 못하고 얻어내지도 못하는 사람들이다. 그래서 독서의 하수들은 아무리 책을 읽어도 책의 내용 중 대부분을 밑 빠진 독에 물을 붓는 것처럼 계속 흘려버린다. 수백 권의 책을 읽어도 의식이나 사상의 성장이 없는 사람이 바로 이런 경우이다. 물론 알게 모르게 축적이 되어 나중에 폭발해 버리는 경우도 있다. 하지만 대부분의 경우 독서의 하수들은 절대로 폭발하지 않는다. 폭발하기 위해서는 엄청난 지식과 의식과 사상과 정신이 축적되어 있어야 한다. 하지만 그들은 아무리 많은 책을 읽어도 거의 축적이 되지 않는 그런 부류의 독서를 할 뿐이다.

독서의 중수들은 책을 읽고 그것을 통해 다른 것들로 확장해 나갈 수 있다. 그래서 이 부류에 속하는 독서가들은 진정한 독서의 맛을 아는 사람들이다. 이런 독서가들은 일 년에 수백 권의 책을 쉽게 볼 수 있다. 그리고 그 수백 권의 책을 통해서 엄청난 지식과 양식과 정신과 영혼을 만날 뿐만 아니라 다른 영역으로 확장해 나갈 수 있고 연결할 수 있다. 그리고 그 과정에서 자신의 인생을 바꿀 수 있게 된다. 책을 읽은 만큼 차곡차곡 쌓을 수 있는 기술을 가진 이들이 바로 독서의 중수들이다. 이들은 독서를 수단으로도 삼지만 목적으로도 삼는 이들이다. 그래서 이들은 어느 정도 독서를 즐길 줄 알고 누릴 줄 안다.

독서의 고수들은 자신이 읽은 책을 통해서 이 세상에 존재하지 않는 지식이나 사상이나 의식을 끊임없이 만들어낼 수 있는 창조자들이다. 이들이 이렇게 할 수 있는 이유는 대단히 아이러니하다. 책을 수단으로 삼지 않았기 때문에 책이 엄청난 성공과 자기계발의 수단이 되었다는 사실이다. 가령, 중국의 시성 두보는 "만 권의 책을 읽게 되면, 글을 쓰는 것이 신의 경지에 이를 만큼 잘 쓸 수 있게 된다"는 말을 한 적이 있다. 그런데 재미있는 사실은 글을 잘 쓰기 위해서 이를 악물고 만 권의 책을 읽고자 결심하고 실천한 사람은 만 권의 책을 읽는다고 해도 신의 경지에 이를 수 없다는 것이다. 더 재미있는 사실은 처음부터 이러한 의도나 욕심이나 목표도 없이, 그저 독서를 최고의 목적 그 자체로 여기는 사람들은 거의 전부 글쓰기가 신의 경지에 오른다는 사실이다.

독서의 고수는 책을 절대 수단으로 삼지 않는다. 책은 하나의 목적이며 전부라고 생각하기 때문이다. 독자들이 책을 전부라고 생각하면, 책도 그 사람을 전부로 대해준다. 하지만 독자들이 책을 수단으로 생각하면, 책도 그 사람을 그저 수단의 일부로 대해준다. 그러므로 책을 읽을 때 무엇보다 마음 자세를 바꾸어야 한다.

책 속에 세상의 모든 것이 담겨 있다고 생각하고 한 권 한 권을 읽으면서 세상의 모든 것을 발견하고 탐험하려는 사람과 책은 단지 부자가 되기 위한 수단이기에 부자가 되고 돈을 버는 방법만 배우고자 그것만 발견하고 탐험하려는 자는, 외적으로는 같은 독서라는 행위를 하고 있지만 그들의 삶의 내용과 질과 격이 엄청나게 달라질 것은 불을 보듯 명확하다.

독서는
출이반이다

내가 좋아하는 고사성어 중에 '출이반이出爾反爾'라는 말이 있다. 이 말은 '당신에게서 나온 것은 반드시 다시 당신에게로 되돌아온다'라는 말이다. 이 고사성어의 유래가 되는 이야기를 조금 쉽고 간단하게 바꾼 것이 이것이다.

어느 나라에 흉년이 들었는데 임금은 자신의 식량 창고에 남아도는 곡식이 있음에도 백성들이 굶주리면서 고생하고 있는 것을 본체만체했다. 그의 신하들도 모두 그렇게 했다. 백성들은 흉년 때문에 굶어 죽기도 하고, 엄청난 고생을 했다. 그러다가 몇 년이 지나서 흉년이 없어지고 살만해졌다. 그런데 이번에는 이웃 나라가 쳐들어왔다. 임금은 백성들에게 목숨을 걸고 잘 싸워달라고 호소했지만, 백성들은 대충대충 싸웠다. 결과는 패배였다. 임금은 이것을 보고 백성들을 원망했다. 혼신을 다해서 자기 일인 양 싸웠다면 충분히 이길 수 있었던 전쟁이었는데, 백성들이 남의 집 불구경 하듯 그렇게 적당히 싸우다가 항복했다는 것이다. 이렇게 원망하면서 현인에게 이야기하자 그 현인은 이렇게 대답했다고 한다.

"당신에게서 나간 것은 반드시 다시 되돌아옵니다."

나는 이 말을 좋아한다. 책을 읽는다는 것도 이와 다르지 않기 때문이다. 책이 정말 세상에서 가장 소중한 것이고, 책을 읽으면 인생이 바뀐다는 것을 아는 사람이라면 자신이 가진 소중한 것을 포기하거나 잠시 멈추고 책의 세상에 빠져들어야 한다. 하지만 아무도 그렇게 하지 않는다. 직장 다닐 것 다 다니고, 놀 것 다 놀고, 취미 생활할 것 다 한 후에 남는 시간에 책의 세상에 노크를 할 뿐이다.

세상에서 가장 값진 것이 무엇인가? 돈인가? 아니면 시간인가? 아니면 청춘인가? 그러한 것들 중에 하나라도 내려놓고 책의 세계에 들어가 보라. 그렇게 하면 책도 그것을 알고 당신이 내려놓은 것과 똑같은 가치의 소중한 것들을 당신에게 보여주고, 당신에게 던져줄 것이다.

이것은 독서만 그런 것이 아니다. 모든 세상만사가 다 이렇다고 할 수 있다. 학원에 등록하여 영어를 배울 때도 공짜로 배우는 사람과 거금을 내고 배우는 사람은 성과가 다를 수밖에 없다. 그것은 목적의식 때문이 아니라 자신이 준 것을 그대로 받는다는 '출이반이'의 원리가 그대로 존재하고 작용하기 때문이라고 나는 생각한다. 독서를 수단으로 삼는 자에게 책은 그들을 수단으로 삼을 것이다. 독서를 목적으로 삼는 자에게는 책도 그들을 목적으로 대우해줄 것이다.

책은 당신이 생각하는 것보다 훨씬 더 공평한 세상이며, 정직한 세상이며, 정확한 세상이다. 독서는 당신이 준만큼 받게 되는 '줄이반이'와 같다. 그렇기 때문에 독서에 있어 물리적인 조건이나 기술보다 더 중요한 것은 마음의 자세인지도 모른다. 이 세상의 모든 것도 결국 마음의 자세가 어떠하냐에 따라서 성과가 달라지듯, 독서도 그렇다고 할 수 있다.

당신이 책을 읽는 시간이 세상에서 가장 가치 있는 것이라고 생각하는 순간 당신은 책의 마법에서 빠져나올 수 없게 된다. 그 순간 당신은 독서광이 되는 것이다. 그리고 그렇게 되면 책도 그 사실을 알고 당신에게 최고로 가치 있는 것을 노출해준다. 독서를 하는 데 겨우 하루의 자투리 시간만을 투자하는 사람은 자신이 투자한 만큼의 가치에 해당하는 것을 얻게 되고, 독서하는 데 하루 중에 서너 시간을 투자한 사람은 자신이 투자한 만큼에 해당하는 서너 시간에 해당하는 것을 얻게 된다.

세상은 정직하고 무서울 만큼 정확하다. 가치가 있는 사람은 반드시 그 가치에 어울리는 삶을 살게 된다. 그러므로 자신의 가치를 드높여야 할 필요가 있다. 그런데 자신의 가치가 돈이나 성공을 통해 높아진다고 착각하는 사람들이 적지 않다. 아무리 부자가 되고, 아무리 크게 성공을 한다 해도 그것이 한 인간의 가치를 드높여 주는 것은 아니다. 인간의 가치는 그 사람이 어떤 정신의 사람이고, 어떤 생각을 하는 사람이며, 어떤 의식을 가지고 있느냐에 따라 결정된다.

인간의 가치를 향상시킬 수 있는 유일한 것은 독서다. 학교 성적을 올리기 위한 공부나 대학교의 졸업장이나 학위증을 얻기 위한 공부는 사실상 참된 공부가 아니다. 그것은 간판을 따기 위한 공부일 뿐이다. 그러므로 진짜 공부, 즉 독서는 당신의 가치를 향상시켜 주는 유일한 것이다. 그러므로 인생을 바꾸고 싶다면 공부가 아니라 독서를 해야 한다.

PART 7

독서의 대가들은
이런 독서를 한다

적극적이고 능동적인 독서는 그 자체가 가치 있는 것이다. 당신의 직업이 무엇이든 어떤 일을 하든 당신에게 부와 성공과 명성을 가져다주기에 충분할 뿐만 아니라 당신을 격려하여 당신과 당신의 정신을 고양시켜 주고, 더 나아가 당신의 인생에 무한한 가치와 의미를 발견하게 하고 새로운 창조가가 되게 해준다.

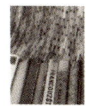 # 독서의 신들은
통합적인 책 읽기를 한다

독서법의 고전이라고 불릴 만한 책은 없을까? 이런 의문을 가지고 독서법에 관한 책들을 모조리 섭렵하려고 노력하자 유독 눈에 띄는 책 한 권이 있었다. 그 책은 바로 1940년대 초에 출간되어 지금까지 꾸준히 읽히고 있는 모티머 J. 애들러의 《독서의 기술 How to read a book》이다. 이 책의 저자는 독서의 수준을 4단계 정도로 나누어 설명한다.

그가 설명하는 독서의 제1 수준은 기초적인 초급 독서 정도의 책 읽기 수준으로 보통 초보 독자들의 수준이라고 생각하면 된다. 특히 독서법에 대해 한 번도 진지하게 고민을 해본 적 없이 그저 많은 책을 읽고 있는 독자라면 이 수준일 가능성이 매우 높다.

제2 수준은 빨리 읽기, 즉 시간에 중점을 둔 '점검 독서' 수준이다. 그래서 이 정도 수준의 책 읽기를 하는 사람들은 보통 체계적으로 훑어보기, 미리 들여다보기 혹은 개관 읽기, 골라 읽기 등을 시기적

절하게 하는 경향이 높다. 독서의 초보 수준에서 벗어나 수백 권 이상의 책을 섭렵해본 경험이 있는 독자들이라고 할 수 있다.

제3 수준은 독서의 중급자 수준에서 고급자 수준까지를 모두 아우를 수 있는 높은 독서 수준이라고 할 수 있다. 이 정도 수준의 독자들은 씹어서 소화하고, 철저하게 읽으면서 분석하고 판단하여 자신이 읽고 있는 책이 완전하게 자신의 피와 살이 될 수 있도록 읽어낼줄 아는 독자들이다.

이 책에서 주장하는 독서 수준의 최고의 단계는 제4 수준으로 저자인 모티머 J. 애들러는 '신토피칼 독서법'이라고 이름을 붙였다. 신토피칼Syntopical이란 말은 '함께', '동시에'라는 의미의 'syn'과 '화제의', '이슈가 있는'이란 의미의 'topical'을 합한 글자이다. 그래서 글자 그대로 해석하면, 같은 주제의 책을 동시에 읽는 독서법이다. 이 독서법은 한 권의 책을 순차적으로 읽는다기보다는 같은 주제의 책을 연결지어 가면서 읽으면서 여러 책을 통합하는 적극적이고 능동적인 독서법이다. 그리고 여기서 끝나는 것이 아니라 비교하고 통합하면서 책에 확실하게 쓰여 있지 않은 내용들까지도 스스로 발견해낼 수 있는 그런 독서법이다.

이러한 통합적인 책 읽기 방법의 가장 큰 특징이자 평범한 책 읽기와 가장 큰 차이점은 기존의 평범한 독자들은 저자의 언어를 사용해서 책 읽기를 했지만, 통합적인 책 읽기를 하는 독자들은 저자의 언어가 아닌 독자의 언어를 사용해야 한다는 것이다. 한 권을 중심으로 책을 읽는 것이 아니라 같은 주제를 다룬 다른 저자들의 여러 권의 책을 읽고 통합적으로 비교하고 분석해야 하기 때문에 어떤 특정한 저자의 언어에 맞추어서도 안 되고, 맞추기도 힘들다는 것이다.

가장 좋은 방법은 독자가 중심이 되어야 한다는 것이다. 그런 점에서 독자가 가장 능동적인 행위자로 탈바꿈하게 되는 독서법인 것이다. 저자의 언어가 아닌 독자의 언어로 여러 책들을 동시에 읽어나가는 것이 통합적인 독서법의 최고의 특징이다. 저자의 언어가 아니라 독자 자신의 언어로 읽어나가면서, 한 권의 책이 다른 여러 권의 책을 통해 비교되기 때문에 독자 자신의 지식이나 의식이 다소 부족해도 전혀 문제가 되지 않는다. 한 권만을 읽게 되면 그 책을 분석하는 사람은 독자 자신이 되지만, 여러 권을 동시에 읽으면서 연결하고 통합하며 분석할 때 그 책을 분석하는 사람은 독자 자신의 수준을 훨씬 뛰어넘는 수십 명의 전문가가 되는 것이다.

어느 경우가 훨씬 더 좋은 분석이 될 것인가? 당연히 후자의 경우인 것이다. 통합적인 책 읽기를 할 때 유익한 점은 바로 이런 것들이다. 어떤 책의 핵심 문장과 명제들을 이해할 수 있을 뿐만 아니라 그 수준을 뛰어넘는 쟁점을 스스로 유발할 수 있고, 그 쟁점을 규정하고 해석하고 답변할 수 있는 것도 다른 책들의 핵심 문장과 명제들 때문이다.

통합적인 책 읽기의 최고의 장점은 한 가지 훌륭한 답을 찾아내는 것이 절대 아니다. 그렇게 해서 찾아낸 한 가지의 훌륭한 답은 아무리 훌륭한 답이라고 해도 그것에 편견과 선입관은 여전히 존재하며 그것보다 더 나은 답도 언제든지 도출될 수 있다는 것이다.

한 가지 훌륭한 답을 찾아내는 것에 조급한 독자들은 항상 한쪽으로 치우친 독서를 하는 사람일 경우가 많다. 통합적인 책 읽기의 가장 큰 장점은 '모든 의견을 균형 있게 바라보고 한쪽으로 치우치지 않을 수 있다는 점'이다. 한 권의 책을 깊고 철저하게 읽게 되면 읽는 순간은 그 저자의 주장에 치우칠 수밖에 없다. 하지만 여러 다른 저자의 책들을 연결지어 읽으면서 다양한 주장을 통합해 나가는 독서를 한다면 객관성을 유지할 수 있다.

통합적인 책 읽기가 최고의 독서법이라고 말하는 것은 아니다. 하지만 좋은 독서법이며 최고 수준의 독서법이라고 말하고 싶다. 그렇다고 해서 독서 초보가 이러한 독서법을 처음부터 익히고 배우려고 해서는 절대 안 된다. 통합적인 책 읽기를 하기 위해서는 먼저 독서의 2수준인 훑어보기나 개관 보기의 독서를 할 수 있어야 하고, 여기에 3수준인 철저하게 읽기나 분석적인 독서를 충분히 할 수 있어야 할 뿐만 아니라 숙달되어 있어야 한다.

독서의 고수들은 누가 가르쳐주지 않아도 다섯 권이나 심지어 열 권 정도를 동시에 읽으면서 자기 나름대로의 독서의 기술과 방법을 만들어낸다. 초병렬 독서법이 이런 통합적인 책 읽기와 거의 비슷한 개념의 독서법이라고 할 수 있다. 여러 권의 책들을 동시에 읽게 되면 시너지 효과를 얻을 수 있다.

독서의 신들은 여러 권의 책들을 동시에 읽으면서 통합적인 책 읽기를 하고 있다. 당신도 이러한 독서법에 언젠가는 도전할 수 있을 것이다. 하지만 천 리 길도 한 걸음부터라는 사실을 명심해야 한다. 일

단은 먼저 자신의 독서 수준을 냉철하게 평가해본 후 한 단계씩 밟고 올라가야 한다. 기초가 없는 사람은 2단계나 3단계에서 더 이상 올라가지 않게 된다는 사실을 명심하자.

 # 독서의 신들은
창조적인 책 읽기를 한다

　독서의 수준을 나는 세 가지로 나눈다. 초급자는 독서를 통해 책에 있는 내용들도 자신의 것으로 다 만들지 못한다. 중급자는 독서를 통해 책에 있는 내용들을 거의 다 자신의 것으로 소화한다. 그리고 고급자는 독서를 통해 책에 없는 내용들까지 만들어낸다. 바로 이러한 고급자의 책 읽기가 창조적인 책 읽기인 것이다. 창조적 책 읽기는 이전에는 이 세상에 존재하지 않았던 것들을 창조해낼 수 있는 창조적 행위로 책 읽기를 승화시켜 나간 것이다.
　헤르만 헤세는 잘못된 독서는 무엇보다도 자기 자신에게 부당한 처사라고 말했다. 시간과 정력을 소모하며 일절 도움도 되지 않고 소화해내지도 못할 글들로 뇌를 혹사해서는 안 된다고 피력한 바 있다. 독서의 기술이 부족하면 창조는 고사하고 책의 내용도 이해하지 못하게 된다. 심지어 최악의 독서가들은 독서를 취미의 한 행위로 여기거나 소일거리를 위한 행위로 치부해 버린다. 그렇게 생각하는 독자들이 책을 읽음으로써 무엇인가 새로운 가치를 창출해내고 새로운 이야기나 새로운 주장이나 새로운 예술이니 새로운 상품이나 새로운 아이디어를 만들어낼 수 있을 것이라고 생각하는 것은 로봇이 슬픈 영화를 보고 나서 눈물을 흘릴 것이라고 생각하는 것과 마찬가지일 것이다. 물론 로봇은 영화를 볼 수도 없겠지만 말이다.

   창조적인 책 읽기는 책의 마력과 깊은 관련이 있다. 헤르만 헤세가 자신의 저서인 《독서의 기술》이란 책에서 언급했듯이 책의 세계는 인간의 위대한 발명품이다. 우리는 그 발명품을 통해 새로운 위대한 것들을 발명해낼 수 있다. 그것은 말과 말로 쓰인 책이 가진 마력 때문에 가능한 것이다.

> 인간이 자연에게서 거저 얻지 않고 스스로의 정신으로 만들어낸 수많은 세계 중 가장 위대한 것은 책의 세계다. (……) 말과 글과 책이 없이는 역사도 없고 인간이라는 개념도 존재할 수 없다. 혹 누군가 소규모의 공간에, 이를테면 집 한 채나 방 한 칸에 인간정신의 역사를 집약하여 소유하고자 한다면, 이는 오로지 책을 수집하는 형태로만 가능할 것이다. (……) 어떤 민족에게나 말과 글은 신성하고 마력적인 것이다. 이름을 지어 붙이는 것이나 글을 쓰는 것은 본래 마력을 지닌 행위, 즉 정신을 통해 자연을 정복하는 신비한 행위여서 글자는 어디서나 신이 내린 선물로 칭송받았다.

말과 글과 책이 없었다면 역사도 없었고, 인류 문명의 발전도 없었을 것이다. 그렇다면 책은 실로 위대한 것이라고 할 수 있다. 사르트르의 표현을 빌리자면, '인간은 항상 미래를 향해 자신을 내던지는 존재'이다. 그런데 그것이 가능했던 이유는 바로 말과 글과 책이 있었기 때문이라고 나는 생각한다. 특히 인류의 정신과 지혜를 다 모아 놓은 거대한 책의 세계는 인류와 인간에게 항상 미래를 향하도록 도와주는 최고의 조력자인 셈이다.

인간의 운명이 정해져 있다고 믿는 사람은 책을 읽을 수 없다. 책을 읽는다고 해도 자신의 운명을 스스로 창조해 나가고자 하지 않기 때문에 그 행위가 무의미해질 수 있다. 하지만 인류의 발전은 스스로 미래를 개척하고 창조한 사람들에 의해 이루어졌다. 그리고 그 사람들은 바로 책을 통해 그러한 것들을 가능하게 했던 것이다.

하지만 여기에 의문이 생길 수밖에 없다. 그들이 읽은 책의 양이 다른 사람보다 무조건 많았다고 할 수는 없다는 것이다. 물론 많이 읽은 사람들이 적지 않다. 하지만 많이 읽어도 그들만큼 위대한 업적을 만들어내지 못한 사람들은 무엇이라는 말인가?

여기에서 바로 '독서의 기술' 중에서 '창조적인 책 읽기'를 한 사람과 하지 않은 사람으로 갈리게 된다. 단순하게 설명해서 똑같은 시간 동안 똑같은 책을 100권 정도 읽었다고 생각해보자. 그런데 어떤 한 사람은 책을 읽은 덕분에 훌륭한 투자자가 되어 세계적인 부자가 되었고, 또 다른 한 사람은 동일한 책을 읽은 덕분에 훌륭한 정치가가 되어 세계적인 인물이 되었다. 하지만 또 어떤 사람들은 똑같은 책을 읽었음에도 불구하고 투자적인 능력이나 정치적인 능력을 기르지 못했다는 것이다.

이것이 의미하는 것은 책의 내용을 100퍼센트 이해하고 암기하고 노트하여 자신의 것으로 삼는다고 해도 그것만으로는 절대 위대한 투자자나 정치인이 될 수 없다는 사실이다. 위대한 인물이 된 사람들은 책의 내용을 통해 책에 없는 '플러스 알파'를 스스로 창조해내고, 그것을 자신의 피와 살로 만든 사람들이라고 나는 생각한다.

영국의 비평가이자 사회 사상가였던 존 러스킨 John Ruskin 은 "인생은 짧다. 이 책을 읽으면 저 책은 읽을 수가 없다"는 말을 남겼다. 그가 남긴 이 말은 왜 우리가 창조적인 책 읽기를 해야 하는가에 대해 잘 설명해준다. 이 세상의 모든 책을 당신은 다 읽을 수 없다. 냉정하게 말해서 당신이 평생 읽는다 해도 이 지구상에 있는 책 중에 0.001퍼센트도 읽지도 못할 뿐만 아니라 만져 보지도 스쳐보지도 못한다는 사실이다. 창조적인 책 읽기를 해야 하는 이유는 한 권의 책을 읽고, 읽지 않은 열 권 혹은 백 권의 책의 내용까지 알아야 할 뿐만 아니라 책에 기록되지 않은 새로운 내용과 견해와 주장까지 스스로 만들어내야 하기 때문이다.

중국의 시성 두보는 젊은 날에 이미 만여 권의 책을 읽었던 독서의 신이었다. 그가 남긴 말 중에 가장 유명한 말이 되어 버린 '독서파만권 하필여유신 讀書破萬卷 下筆如有神'이란 말은 독서의 신이 되어 독서를 하게 되면 새로운 것들을 끊임없이 창조해낼 수 있게 되어 결국 자연스럽게 글쓰기를 하지 않을 수 없게 된다는 것을 의미한다.

독서를 통해 어느 정도 물이 차게 되면 그때부터 새로운 생각들과 견해들이 넘쳐흐르게 되고, 그것들이 바로 문장이 되고, 책이 되는 것이다. 창조적인 책 읽기는 결국 자신의 미래를 창조해 나가는 책 읽기다. 그런 점에서 에머슨의 이 말은 옳다.

"책을 읽는다는 것은 많은 경우에, 자신의 미래를 만든다는 것과 같은 뜻이다."

스키를 탈 때 실력이 좋은 사람, 즉 상급자일수록 높고 가파른 슬로프에서도 넘어지지 않고 안전하게 즐기면서 정상의 경치도 보면서 스키를 탈 수 있다. 실력이 상급자 코스로 갈수록 하얀 설경을 마음껏 감상하고 여러 가지 응용 동작도 하면서 탈 수 있지만 초보자일수록 아무것도 하지 못하고 주어진 초급 코스의 슬로프도 다 탈 수 없게 된다.

독서도 이와 다르지 않다. 독서의 기술이 상급자가 되면 독서를 하면서 여러 가지를 응용할 수 있게 되고, 새로운 것들을 무궁무진하게 창조해낼 수 있게 된다. 그렇기 때문에 책 읽기가 창조적 예술 활동이 되는 경지에 이르게 되는 것이다. 독서의 초급자들은 아무리 많은 책을 읽어도 작은 아이디어 하나도 창출해내지 못한다. 하지만 고수들은 한두 권의 책만 읽어도 수십 가지 아이디어를 창출해낸다. 바로 이런 사람들이 창조적인 '싱크 탱크'들인 것이다. 싱크 탱크들은 그저 머리만 좋다고 해서 만들어지는 것은 아니다. 변화와 혁신을 이끌어낼 수 있어야 진정한 싱크 탱크들이다. 그러한 변화와 혁신은 창조적 책 읽기의 가장 큰 특징이다.

책 읽기를 통해 인생을 바꾸고 개혁할 수 있어야 한다. 그렇게 하기 위해서는 책 읽기를 통해 자신의 의식과 생각에 변화와 혁신을 이끌어내야 하고, 그렇게 하기 위해서는 독서이 기술 중에서 가장 본질적인 사고력의 향상이 필요하다. 사고력이 높은 사람일수록 한 가지를 읽게 되면 열 가지를 만들어낼 수 있다. 평범한 사람들이 사고력을 높이기 위해서는 독서가 절대적으로 필요하다. 그것도 다독이 절대적으로 필요하다. 영국의 정치학자인 벤자민 디즈레일이 한 이 말을 명심해야 할 필요가 있다.

"단 한 권의 책 밖에 읽은 적이 없는 인간을 경계하라."

# 독서의 신들은
통찰적인 책 읽기를 한다

"왜 지금 인간 사회는 위기의 교착상태에서 몰락하고 있는가?"

"왜 우리는 진실이 아닌 것을 믿는가? 왜 우리는 비난의 문화에 투신하는가?"

"왜 오래된 믿음이 우리의 삶을 지배하도록 놔두는가?"

"왜 과거 문명들의 몰락을 우리는 지금 되풀이하는가?"

"왜 통찰이 미래의 희망인가?"

이러한 질문을 던지는 화제의 책이 한 권 있다. 바로 오래된 믿음에 대한 낯선 통찰을 다룬 레베카 코스타의 《지금, 경계선에서》란 책이다. 이 책은 토머스 프리드먼, 제레드 다이아몬드, 말콤 글래드웰의 전통을 이어받은 보기 드문 흥미로운 책으로 평가받고 있다. 이 책의 저자인 레베카 코스타는 지금 인류는 거대한 전환의 문턱에 서 있다고 한다. 그래서 인류가 진보를 할 것인지, 아니면 몰락을 할 것인지 선택을 해야 한다고 주장한다. 사실 이 책의 저자는 지금은 우리 인류가 몰락 직전이라고 말하는 쪽에 가깝다.

실제로 이 책의 저자는 놀라운 통찰력으로 인류 문명들이 붕괴되어 왔던 그 과정에서 비슷한 패턴이 있음을 발견했다. 초창기에는 어떤 문명이든 어려운 장애와 환경을 이겨내고 부과되는 문제들을 극복하고 해결해낸다. 그럼으로써 주변 환경에 대한 통제권을 획득하고 음식과 물의 공급을 안정시킨다. 그 덕분에 장기간 번영하고 발전해 나간다. 하지만 복잡성이 가속화되는 시점에 이르게 되고, 그러한 복잡성이 서서히 드러나면서 아무도 해결하지 못하는 지경에까지 이르게 된다. 마야, 로마, 크메르제국의 사례가 바로 이런 경우다.

하지만 희망은 있다고 말한다. 이 책에서 말하는 희망은 바로 '통찰'이다. 통찰은 한마디로 좌뇌의 분석력과 우뇌의 종합력을 뛰어넘는 제3의 인식의 진화를 통해 얻게 된 인류가 받은 혹은 개척해 나간 선물이다. 통찰은 인류의 인식의 한계점을 초월할 수 있는 제3의 인식 방법이다. 입증된 바에 따르면 고도로 복잡한 문제에 직면하게 되면 인간은 좌뇌와 우뇌 전략을 통해 해결하고자 노력한다. 하지만 통찰은 이러한 전통적인 좌뇌-우뇌 전략으로 해결할 수 없는 복잡한 문제들을 초월하여 해결할 수 있는 놀라운 무기다. 신경과학자들은 우리의 뇌가 문제를 해결하기 위해서 3가지 방식으로 작동한다는 사실을 발견했다.

첫 번째 방식은 좌뇌를 사용하여 분석하는 것이다. 두 번째 방식은 우뇌를 사용하여 종합하는 것이다. 그리고 마지막 방식이 바로

'통찰'이라고 하는 또 다른 하나의 인식 방법이며 문제 해결 방법이다. 《지금, 경계선에서》에는 이런 말이 있다.

> 전통적인 좌뇌-우뇌 해법이 복잡성을 넘어서지 못하고 압도당하는 반면, 통찰은 거침없이 혼란을 뚫고 날아오른다. 유능한 해법을 얻는 데 반드시 필요한 지식과 그렇지 않은 사실을 즉각 구분해내는 극도로 유능한 편집자와 같은 것, 그것이 통찰이다.

통찰의 가장 큰 특징들로 이런 것들이 있다. 통찰은 좌뇌와 우뇌가 모두 활성화된다. 그리고 다양한 사물 사이의 새로운 연관성을 만들어 깨닫게 해줌으로써 고도로 복잡하고 어려운 문제를 효과적으로 해결할 수 있게 해준다.

이러한 특징을 가진 통찰적인 해법은 항상 참신하고 혁신적일 수밖에 없다. 책 읽기 최고의 단계는 통찰적인 책 읽기라고 내가 주장하는 이유가 바로 여기에 있다. 통찰력을 키운다는 것은 단순히 지식을 확장한다고 해서 되는 것도 아니고, 창조적이고 유연한 사고를 가진다고 해서 되는 것도 아니다. 이 모든 것들을 초월해서 고도로 훈련이 되어야 비로소 통찰력이 생길 수 있고 향상될 수 있기 때문이다. 《지금, 경계선에서》를 보면 일본 정부가 일본인들이 세계 경제에서 인식 능력상의 우위를 점할 수 있게 하기 위해 두뇌 훈련에 대한 도구를 개발하기 위해 세계 최초로 3억 5,000만 달러를 투자했다고 한다.

통찰에 대한 새로운 도전과 인식의 지평을 열어주는 한 권의 책을 소개한 이유는 분명하다. 독서의 최고의 기술은 당신으로 하여금 통찰력이 있는 인간이 되게 하는 기술이라고 생각하기 때문이다.

복잡한 문제를 해결하는 통찰력은 창조력보다 앞으로 더욱더 중요할 뿐만 아니라 생존과 직결되는 문제가 될 것이라고 나는 생각한다. 그런 점에서 나는 창조적인 책 읽기보다 통찰적인 책 읽기를 가장 높게 평가하고 싶다. 얼마나 많은 지식을 배우느냐보다는 배운 것으로 무엇을 할 수 있느냐가 중요한 것처럼 얼마나 많은 책을 읽었느냐보다는 읽은 책으로 무엇을 통찰할 수 있느냐가 더 중요하다.

나는 책을 많이 읽고 나서, 즉 3년 동안 9천 권의 책을 읽고 나서 달라진 것이 지식이나 능력이 아니라 고작 의식이었다고 말했다. 그런데 내가 말한 의식은 의식과 무의식을 모두 합해서 말하는 것이다. 그리고 그 의식은 생각의 덩어리이고 생각의 흐름이라고 나는 생각한다. 그런데 의식이 달라지자 내게 일어난 변화 중에 가장 큰 것은 그전에는 보이지 않던 것들이 보이고, 생각할 수 없었던 것들까지 생각해낼 수 있게 되었다는 것이다. 이것이 바로 통찰의 한 부분이 아닐까 나는 생각한다.

통찰적인 책 읽기를 당신이 해야 하는 이유는 지금 당신이 살아가야 하는 시대는 답이 없는 시대이기 때문이다. 특히 한국 사회가 직면하게 될 여러 가지 문제들을 누군가는 해결해야 한다. 정말 효과적으로 해결할수록 한국 사회는 진보해 나갈 수 있을 것이다. 반대로 누군가가 나타나서 해결을 하더라도 최악의 해결책만 줄줄이 나온다면 한국 사회는 몰락하게 될 것이다. 일본 사회는 이미 이러한 준비를 하고 있다고 한다.

임진왜란 때 왜적을 맞아서 승리로 이끈 이순신 장군과 수많은 의병장들은 모두 상대보다 못한 장비와 도구를 가지고도 승리를 쟁취했다. 그리고 그렇게 할 수 있었던 이유는 통찰력 때문이다. 거북선도, 이순신 장군의 놀라운 작전도 모두 이순신 장군의 통찰력 때문이었던 것이다.

한국 사회에 통찰적인 책 읽기를 하는 독서의 신이 많아진다면 한국 사회는 매우 희망적인 모습이 될 것이다. 그리고 그것은 또한 인류에 대한 최고의 봉사가 될 것이다. 인류 문명의 붕괴를 막아낼 수 있는 통찰력이 있는 사람이 되는 것은 인류를 위해서 당신이 할 수 있는 최고의 봉사이며 헌신인 것이다. 인류가 지금 직면한 수많은 문제들을 생각해볼 때, 인류에게 가장 필요한 것은 창조성이 아니라 통찰력이다. 그리고 통찰력은 단순하고 쉽게 향상시킬 수는 없다. 하지만 올바른 독서를 통해 충분히 향상시킬 수 있는 것이라고 나는 생각한다.

에필로그
인생을 바꾸는 것은 독서가 아니라 **독서의 기술**이다

　북송 때의 정치가이자 사상가였던 왕안석은 권학문을 지어서 독서를 권장한 위대한 학자였다. 그가 말한 독서의 권장을 현대식으로 풀어서 1323청춘들에게 들려주면 이런 내용이다.

> 독서는 많은 돈이 들지 않지만, 만 배의 이익이 있다.
> 독서는 사람들의 재능을 키워주고, 더욱더 지혜롭게 해준다.
> 독서를 하면 똑똑한 사람은 더욱더 똑똑해지고,
> 멍청한 사람은 똑똑한 사람으로 변하게 된다.
> 독서를 하면 가난한 사람이 부자가 될 수 있고,
> 부자는 더욱더 귀해질 수 있다.
> 독서를 하면 나쁜 사람도 착해질 수 있고,

착한 사람은 훨씬 더 유익함을 볼 수 있다.
독서를 하는 사람은 존경을 받게 되지만
치욕을 당하게 되는 경우를 발견할 수 없다.
돈을 들여서 책을 구입해서 읽게 되면
투자한 돈보다 몇 백 배의 부자가 될 수 있다.

그의 말에 나도 100퍼센트 동감하고 찬성한다. 하지만 독서의 기술이 없는 사람인 경우에는 이런 말이 아무 소용 없다. 수영을 할 줄 아는 사람만이 수영을 통해 건강을 유지할 수 있는 법이듯, 독서를 할 줄 모르는 사람은 독서를 통해 그 어떤 유익함도 얻어낼 수 없다. 그런 점에서 인생을 바꾸는 것은 독서가 아니라 독서의 기술이다. 이 책에서 필자가 끊임없이 강조한 단 한 가지 핵심은 바로 이것이다.

"지금부터 당장 자기 자신만의 필살기, 독서의 기술을 만들어라."

다른 사람들의 독서의 기술을 참조하는 것이 나쁘지는 않지만 결국에는 자기만의 독서의 기술을 만들어야 한다. 그리고 어느 정도 독서의 기술이 형성되기 위해서는 최소 6개월 이상의 기간이 걸린다는 사실을 잊어서는 안 된다. 아기가 처음 걸음걸이를 배울 때를 생각해보면 쉽게 이해가 갈 것이다. 셀 수도 없이 많이 넘어지는 시행착오를 통해서, 수많은 실패를 통해서 올바른 걷기를 배우게 된다. 독서의 기술도 모름지기 그래야 한다. 독서하는 기술이 없으면서 책을 많이 읽는 데 집중해서는 안 된다. 먼저 독서의 기술을 익히기 위한 독서를 하는 데 집중해야 한다.

독서의 기술이 제대로 형성되고, 숙달이 되면, 일 년에 수백 권의 책을 읽는 것은 마치 스키의 상급자가 산 정상에서 한 번도 안 넘어지고 즐기면서 내려오는 것만큼 신나고 즐겁고 스릴 넘치는 것이 된다. 이때는 더 이상 읽은 책의 양이 문제가 되지 않는다. 하지만 독서의 기술도 익히지 못한 상태에서 욕심을 내는 것은 큰 재앙을 초래할 수 있다. 남들이 일 년에 백 권, 천 권을 읽는다고 자신도 그런 목표를 잡는 것은 스키를 한 번도 배우지 못한 초보자가 최상급 코스에서 하강하는 것과 다름없다. 이렇게 하면 엄청난 좌절을 겪게 되는 것이 당연하다.

독서의 기술만 제대로 익히고 숙달하면 독서는 힘든 것이 절대 아니며, 재미없는 것도 아니다. 다산 정약용 선생도 자녀들에게 보내는 편지에서 독서를 헛되이 하면 하루에 천 번, 백 번을 읽어도 오히려 읽지 않는 것과 같다고 말했다.

인생을 바꾸는 것은 독서가 아니라 독서의 기술이다. 독서의 기술이 있어야 독서가 재미있고 신나고 즐거운 모험이 되고, 여행이 되고, 게임이 된다. 독서의 신들은 독서를 게임하듯 하고, 놀라운 모험을 떠나듯 하고, 놀이동산에서 360도 회전하는 열차를 타듯 한다. 그런 독서의 세계를 경험한 친구들은 어른이 되어서 그렇게 신나고 즐거운 인생을 살아갈 수 있다. 하지만 그런 독서를 경험하지 못한, 독서의 신이 되지 못한 친구들은 독서를 할 때 지루했듯이 인생도 지루하게 살아가게 된다.

독서의 기술을 알고 익히고 숙달하는 것은 결국 인생을 살아가는 데 필요한 기술을 알고 익히고 숙달하는 것과 같다. 독서의 기술을 아는 사람은 인생의 기술을 알게 되는 사람과 동일하다. 1323세대 때 어떤 친구는 인생의 기술을 배우지만 또 다른 어떤 친구는 평생 그것을 배우지 못하게 될지도 모른다.

부록

결정적 순간에
읽으면 좋을 책 BEST 5

이 부록은 내가 이전에 출간한 책에서 '결정적 순간에 읽으면 좋을 책'을 선별하여 독자들에게 추천했던 도서 목록이다. 이 목록의 내용이나 좀 더 깊이 있는 사실을 알고 싶다면 《결정적 순간의 책 읽기》란 책을 참조하기 바란다.

비탄에 빠졌을 때_ 행복하게 살고 싶다면
1. W. 베란 울프, 《어떻게 행복해질 수 있을까》
2. 버트런드 러셀, 《행복의 정복》
3. 헬렌 켈러, 《사흘만 볼 수 있다면》
4. 존 그레이, 《존 그레이 성공의 기술》
5. 울리히 슈나벨, 《행복의 중심 휴식》

절망에 빠졌을 때_ 희망과 도전할 용기가 필요하다면
1. 데이비스 슈워츠, 《크게 생각할수록 크게 이룬다》
2. 빅터 프랭클, 《죽음의 수용소에서》
3. 랜디 게이지, 《내 인생을 바꾼 생각의 힘》
4. 데이비드 호킨스, 《의식 혁명》
5. 지그 지글러, 《시도하지 않으면 아무것도 할 수 없다》

세상에 지쳤을 때_ 세상이 미쳐 돌아갈 때 해법을 찾고 싶다면
1. 버트런드 러셀, 《러셀 자서전 (상) (하)》
2. 헨리 데이비드 소로우, 《시민의 불복종》
3. 제러미 리프킨, 《공감의 시대》
4. 엘리 골드랫 외, 《초이스》
5. 에드 디너 외, 《모나리자 미소의 법칙》

경제와 사회에 지쳤을 때_ 우리를 이끄는 것을 발견하고 싶다면
1. E. F. 슈마허, 《작은 것이 아름답다》
2. 피터 드러커, 《피터 드러커의 위대한 통찰》
3. 리처드 탈러 외, 《넛지》
4. 찰스 핸디, 《텅 빈 레인코트》
5. 존 나이스비트, 《마인드 세트》

건강에 적신호가 왔을 때_ 너무 늦은 때란 없다
1. 디팩 초프라, 《마음의 기적》
2. 존 로빈스, 《존 로빈스의 100세 혁명》
3. 이시하라 유미, 《하루 세 끼가 내 몸을 망친다》
4. 돈 콜버트, 《건강의 기술》
5. 이쿠타 사토시, 《음식을 바꾸면 뇌가 바뀐다》

실패에 지쳤을 때_ 성공하고 싶다면
1. 스티븐 코비, 《성공하는 사람들의 7가지 습관》
2. 맥스웰 몰츠, 《맥스웰 몰츠 성공의 법칙》
3. 와타나베 준이치, 《둔감력》
4. 게리 해멀, 《꿀벌과 게릴라》
5. 천따웨이, 《성공학》

가난에 지쳤을 때_ 부자가 되고 싶다면
1. 토마스 J. 스탠리 외, 《이웃집 백만장자》
2. 장옥빈·이붕, 《재기》
3. 팀 샌더스, 《부의 진실》
4. 나심 니콜라스 탈렙, 《행운에 속지마라》
5. 조단 워즈, 《백만장자 비밀수업》

삶에 지쳤을 때 _ 삶의 의미와 가치를 발견하고 싶다면
1. 쑤추운리, 《여유》
2. 로버트 A. 이먼스, 《Thanks! 마음을 여는 감사의 발견》
3. 새무얼 스마일즈, 《자조론》

4. 마틴 셀리그만, 《학습된 낙관주의》
   5. 윌리엄 브리지스, 《How to Live, 갈림길에서 삶을 묻다》

자신에게 지쳤을 때_ 어제보다 나은 자신을 만들고 싶다면
   1. 후쿠자와 유키치, 《학문을 권장함》
   2. 구본형, 《익숙한 것과의 결별》
   3. 이시형, 《세로토닌하라!》
   4. 하워드 가드너, 《열정과 기질》
   5. 세스 고딘, 《린치핀》

일상생활에 지쳤을 때_ 새로운 삶이 살고 싶어질 때
   1. 베르너 슈반펠더, 《CEO를 위한 노자》
   2. 김영수, 《사기의 경영학》
   3. 짐 콜린스, 《좋은 기업을 넘어 위대한 기업으로》
   4. 존 고든, 《에너지 버스》
   5. 주선용, 《인생의 절반은 행복하게 살자》